AF189304

Impressum
Verlag: BABADADA GmbH, Nedderfeld 112 , 22529 Hamburg
Geschäftsführer / Verlagsleitung: Harald Hof
Druck: Books on Demand GmbH, In de Tarpen 42, 22848 Norderstedt

Imprint
Publisher: BABADADA GmbH, Nedderfeld 112 , 22529 Hamburg, Germany
Managing Director / Publishing direction: Harald Hof
Print: Books on Demand GmbH, In de Tarpen 42, 22848 Norderstedt

école
ကျောင်း

salle de classe
စာသင်ခန်း

diviser
စားသည်

186/2

cour (de récréation)
ကျောင်းဝင်း

tableau noir
ဘုတ်ပြား

professeur
ဆရာ ဆရာမ

papier
စာရွက်

écrire
စာရေးသည်

stylo
ဘောပင်

bureau
စာရေးစားပွဲခုံ

règle
ပေတံ

livre
စာအုပ်

élève
သူငယ်အိမ်

cartable

အဖုံးပါ ဘေးလွယ်အိတ်

trousse

ခဲတံပုံး

crayon

ခဲတံ

taille-crayon

ချွန်စက်

gomme

ခဲဖျက်

carnet à dessin

ပုံဆွဲစာအုပ်

dessin
ပုံဆွဲခြင်း

pinceau
ဆေးခြယ်သည့် စုပ်တံ

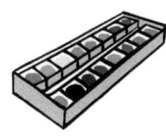

boîte de peinture
အရောင်စုံ ပုံး

ciseaux
ကပ်ကြေး

colle
ကော်

cahier d'exercices
လေ့ကျင့်ခန်းစာအုပ်

devoirs
အိမ်စာ

chiffre
နံပါတ်

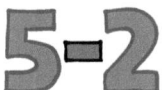

additionner
ပေါင်းသည်

soustraire
နုတ်သည်

multiplier
မြှောက်သည်

calculer
တွက်ပါ

lettre
စာ

alphabet
အက္ခရာ

mot
စကားလုံး

texte

ဖတ်စာအုပ်

lire

ဖတ်သည်

craie

မြေဖြူ

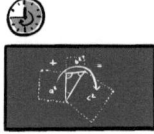

leçon

သင်ခန်းစာ

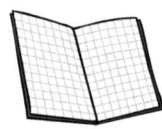

livre de classe

ကျောင်းခေါ်ချိန်
မှတ်တမ်းစာအုပ်

examen

စာမေးပွဲ

certificat

အထောက်အထားလက်မှတ်

uniforme scolaire

ကျောင်းဝတ်စုံ

formation

ပညာရေး

lexique

စွယ်စုံကျမ်း

université

တက္ကသိုလ်

microscope

အနုကြည့်မှန်ပြောင်း

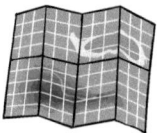

carte

မြေပုံ

corbeille à papier

အမှိုက်စက္ကူပုံး

voyage
ခရီးသွားသည်

hôtel
ဟိုတယ်
Grand
auberge
ဘော်ဒါဆောင်
ROOMS
CHANGE
bureau de change
ငွေလဲဌာန
valise
ခရီးဆောင်အိတ်
voiture
ကား

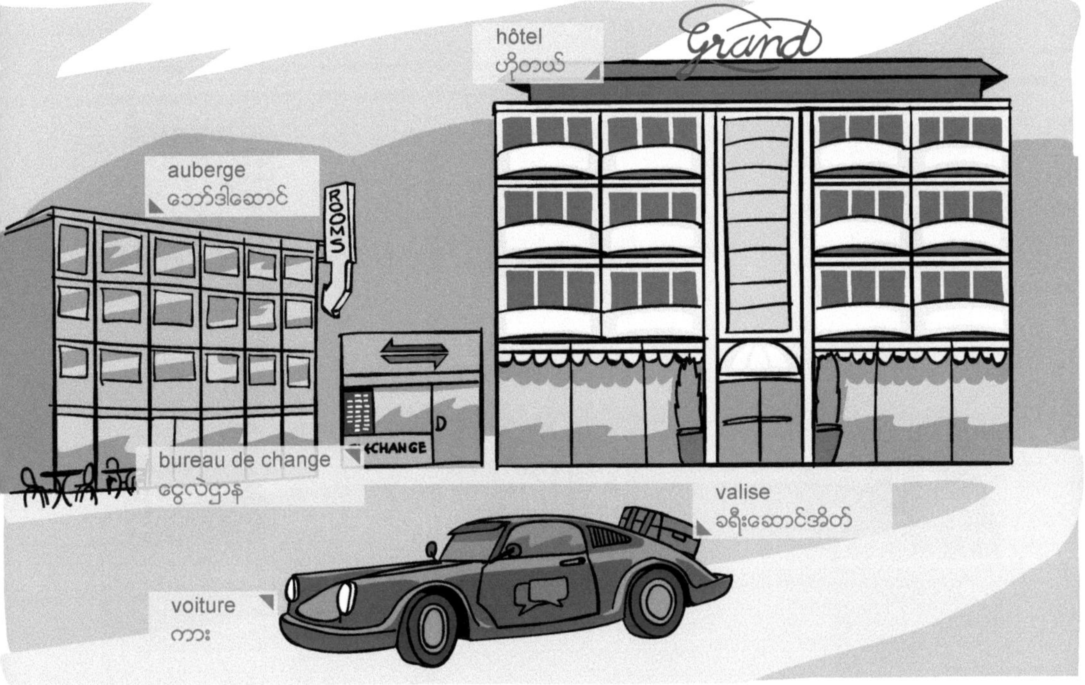

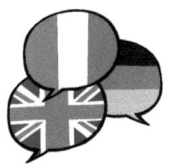

langue
ဘာသာစကား

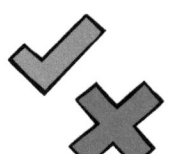

oui / non
မှန် / မှား

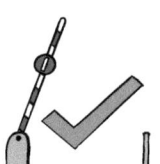

d'accord
အိုကေ

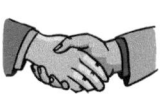

Salut
ဟယ်လို

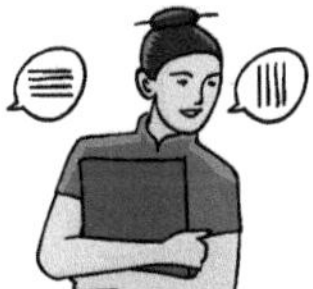

interprète
ဘာသာပြန်

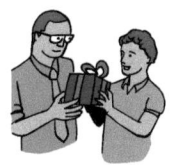

merci
ကျေးဇူးတင်ပါတယ်

Combien coûte...?

......က ဘယ်လောက်လဲ။

Je ne comprends pas

ကျွန်ုပ် နားမလည်ဘူး

problème

ပြဿနာ

Bonsoir !

မင်္ဂလာ ညနေခင်းပါ။

Bonjour !

မင်္ဂလာ နံနက်ခင်းပါ။

Bonne nuit !

မင်္ဂလာ ညပါ။

Au revoir

ဘိုင်းဘိုင်

direction

ဦးတည်ရာ

bagages

ခရီးဆောင်သေတ္တာ

sac

အိတ်

sac-à-dos

ကျောပိုးအိတ်

hôte

ဧည့်သည်

pièce

အခန်း

sac de couchage

တစ်ကိုယ်စာအိပ်ယာလိပ်

tente

ရွက်ထည်တဲ

office de tourisme

ခရီးသွားဧည့်သည်အတွက်
သတင်းအချက်အလက်

plage

ကမ်းခြေ

carte de crédit

အကြွေးဝယ်ကတ်

petit-déjeuner

နံက်စာ

déjeuner

နေ့လည်စာ

dîner

ညစာ

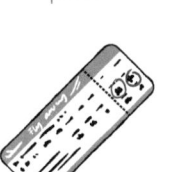

billet

လက်မှတ်

ascenseur

ဓာတ်လှေကား

timbre

တံဆိပ်ခေါင်း

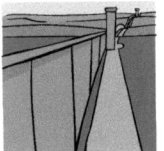

frontière

နယ်စပ်

douane

အခွန်များ

ambassade

သံရုံး

visa

ဗီဇာ

passeport

နိုင်ငံကူးလက်မှတ်

transport
သယ်ယူပို့ဆောင်ရေး

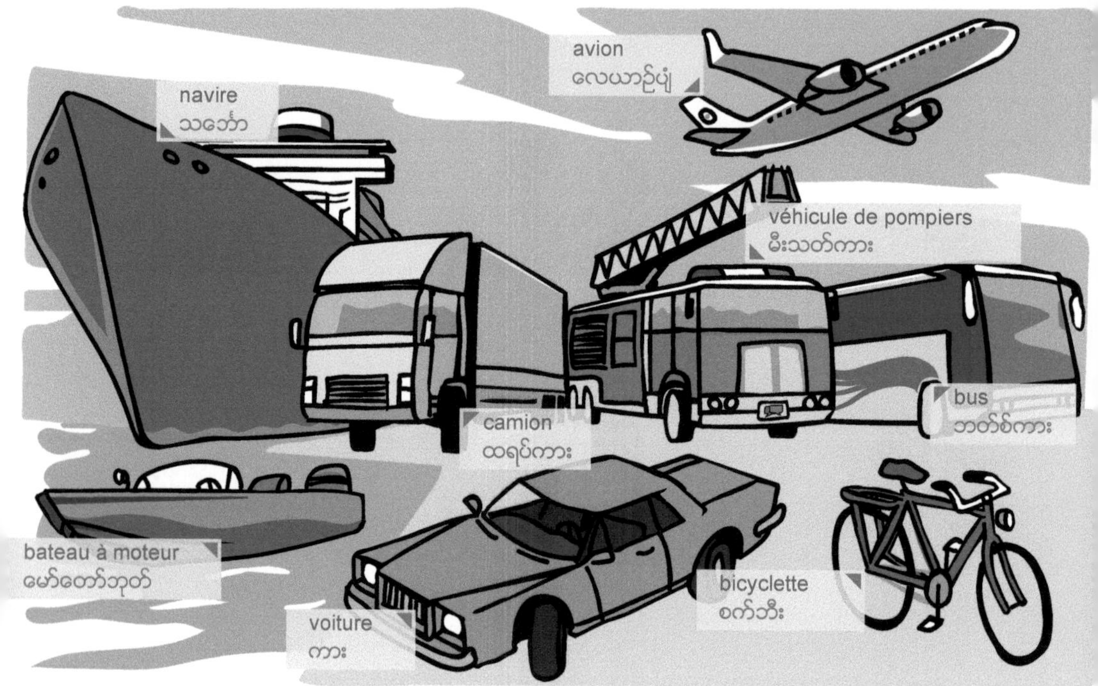
avion
လေယာဉ်ပျံ
navire
သင်္ဘော
véhicule de pompiers
မီးသတ်ကား
bus
ဘတ်စ်ကား
camion
ထရပ်ကား
bateau à moteur
မော်တော်ဘုတ်
bicyclette
စက်ဘီး
voiture
ကား

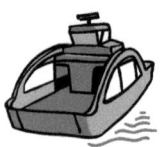

ferry
ဖယ်ရီသင်္ဘော

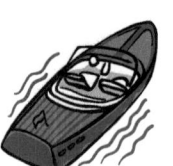

barque
လှေ

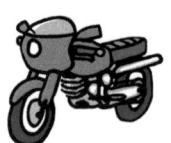

moto
မော်တော်ဆိုင်ကယ်

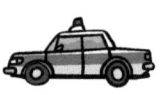

voiture de police
ရဲကား

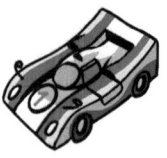

voiture de course
ပြိုင်ကား

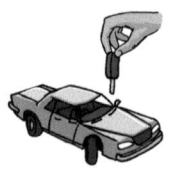

voiture de location
စင်းလုံးငှားကား

auto-partage

ကားဝေမျှသုံးစွဲခြင်း

voiture de remorquage

ပျက်နေသော ထရပ်ကား

benne à ordures

အမှိုက်သယ်ယာဉ်

moteur

မော်တာ

essence

လောင်စာ

station d'essence

ဓာတ်ဆီဆိုင်

panneau indicateur

လမ်းကြောပြ ဆိုင်းဘုတ်

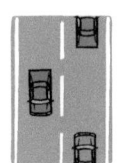

trafic

ယာဉ်အသွားအလာ

embouteillage

လမ်းကြောပိတ်ဆို့မှု

parking

ကားရပ်နားရာနေရာ

gare

ရထားဘူတာရုံ

rails

လမ်းကြောင်းများ

train

ရထား

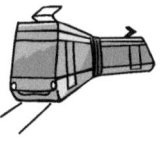

tramway

ဓာတ်ရထား

wagon

ရထားလုံး

hélicoptère

ဟယ်လီကော်ပီတာ

aéroport

လေဆိပ်

tour

တာဝါ

passager

ခရီးသည်

conteneur

ထည့်စရာပုံး

carton

ကတ်ထူပုံး

chariot

လှည်း

corbeille

ခြင်း

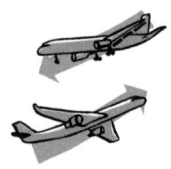

décoller / atterrir

ထွက်ခွာ / ဆိုက်ရောက်

ville

မြို့တော်

village

ကျေးရွာ

centre-ville

မြို့လယ်ခေါင်

maison

အိမ်

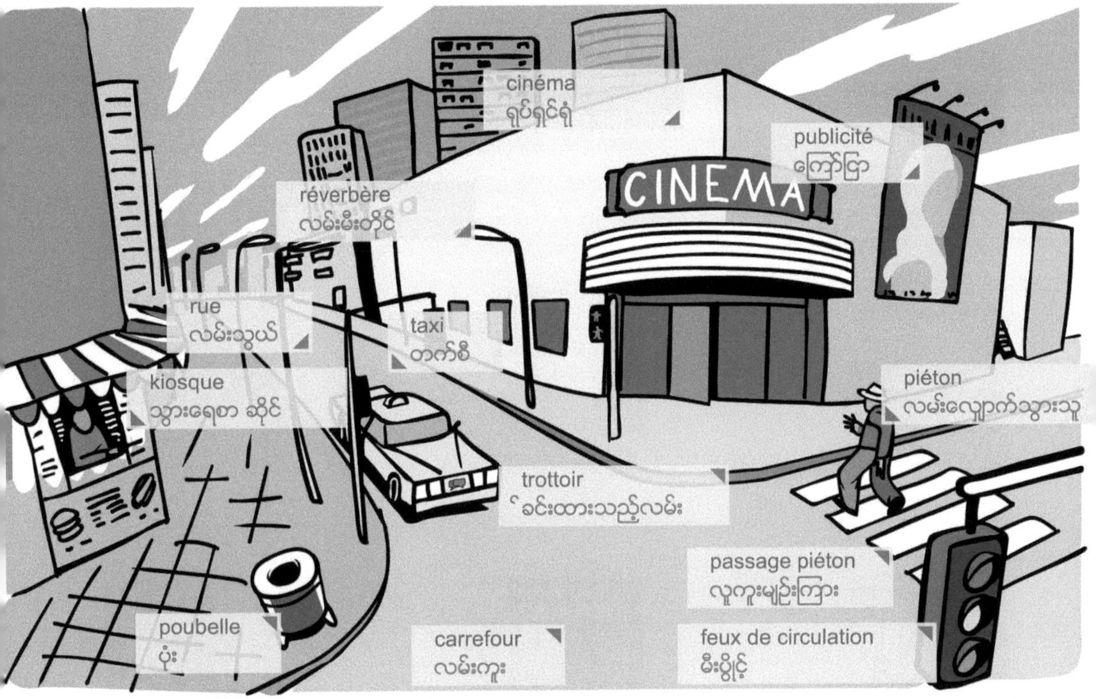
cinéma
ရုပ်ရှင်ရုံ
publicité
ကြော်ငြာ
CINEMA
réverbère
လမ်းမီးတိုင်
rue
လမ်းသွယ်
taxi
တက်စီ
kiosque
သွားရေစာ ဆိုင်
piéton
လမ်းလျှောက်သွားသူ
trottoir
ခင်းထားသည့်လမ်း
passage piéton
လူကူးမျဉ်းကြား
poubelle
ပုံး
carrefour
လမ်းကူး
feux de circulation
မီးပွိုင့်

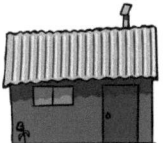

cabane

တဲအိမ်

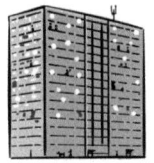

appartement

နေအိမ်ခန်း

gare

ရထားဘူတာရုံ

mairie

မြို့တော်ခန်းမ

MUSEUM

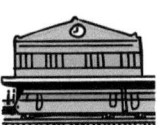

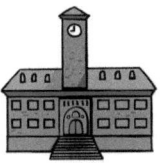

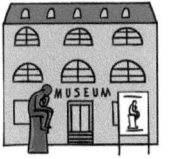

musée

ပြတိုက်

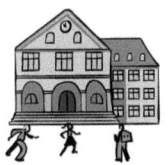

école

ကျောင်း

université

တက္ကသိုလ်

banque

ဘဏ်

hôpital

ဆေးရုံ

hôtel

ဟိုတယ်

pharmacie

ဆေးဆိုင်

bureau

ရုံးခန်း

librairie

စာအုပ်ဆိုင်

magasin

ဆိုင်

fleuriste

ပန်းရောင်းသူ၏

supermarché

စူပါမားကတ်

marché

ဈေး

grand magasin

ပစ္စည်းမျိုးစုံရောင်းသည့်
စတိုးဆိုင်ကြီး

poissonnerie

ငါးရောင်းသူ၏

centre commercial

ဈေးဝယ်စင်တာ

port

သင်္ဘောဆိပ်

parc

အနားယူပန်းခြံ

banque

ထိုင်ခုံတန်း

pont

တံတား

escaliers

လှေကားထစ်များ

métro

မြေအောက်

tunnel

ဥမင်လိုင်ခေါင်း

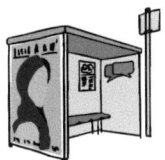

arrêt de bus

ဘတ်စ်ကားမှတ်တိုင်

bar

ဘား

restaurant

စားသောက်ဆိုင်

boîte à lettres

စာတိုက်သေတ္တာ

panneau indicateur

လမ်းဆိုင်းဘုတ်

parcmètre

ကားရပ်နားခ ကောက်ခံသည့် မီတာ

zoo

တိရိစ္ဆာန်ရုံ

piscine

ရေကူးကန်

mosquée

ဗလီ

ferme
လယ်ယာ

pollution
ညစ်ညမ်းမှု

cimetière
သချႋုင်းကုန်း

église
ဘုရားရှိခိုးကျောင်း

aire de jeux
ကစားကွင်း

temple
ဘုရားကျောင်း

paysage
ရှုခင်း

feuille
သစ်ရွက်

panneau indicateur
ဆိုင်းဘုတ်

chemin
လမ်း

pré
မြက်ခင်း

pierre
ကျောက်တုံး

arbre
သစ်ပင်

randonneur
တောင်တက်သမား

rivière
မြစ်

herbe
မြက်

fleur
ပန်း

vallée

တောင်ကြား

montagne

တောင်ကုန်း

lac

ရေကန်

forêt

သစ်တော

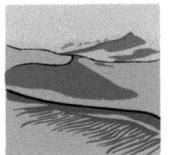

désert

သဲကန္တာရ

volcan

မီးတောင်

château

ရဲတိုက်

arc-en-ciel

သက်တန့်

champignon

မှို

palmier

ထန်းပင်

moustique

ခြင်

mouche

ပျံသန်းသည်

fourmis

ပုရွက်ဆိတ်

abeille

ပျား

araignée

ပင့်ကူ

coléoptère

ပိုးတောင်မာ

grenouille

ဖား

écureuil

ရှဉ့်

hérisson

ဖြူကောင်

lièvre

ယုန်

chouette

ဇီးကွက်

oiseau

ငှက်

cygne

ငန်း

sanglier

တောဝက်

cerf

သမင်

élan

ချိုပြားဒရယ်

barrage

ဆည်

éolienne

လေအားသုံး
လျှပ်စစ်ဓာတ်အားပေးစက်

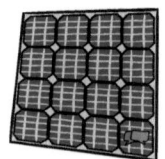

panneau solaire

နေရောင်ခြည်ခံပြား

climat

ရာသီဥတု

restaurant
စားသောက်ဆိုင်

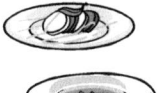

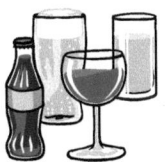

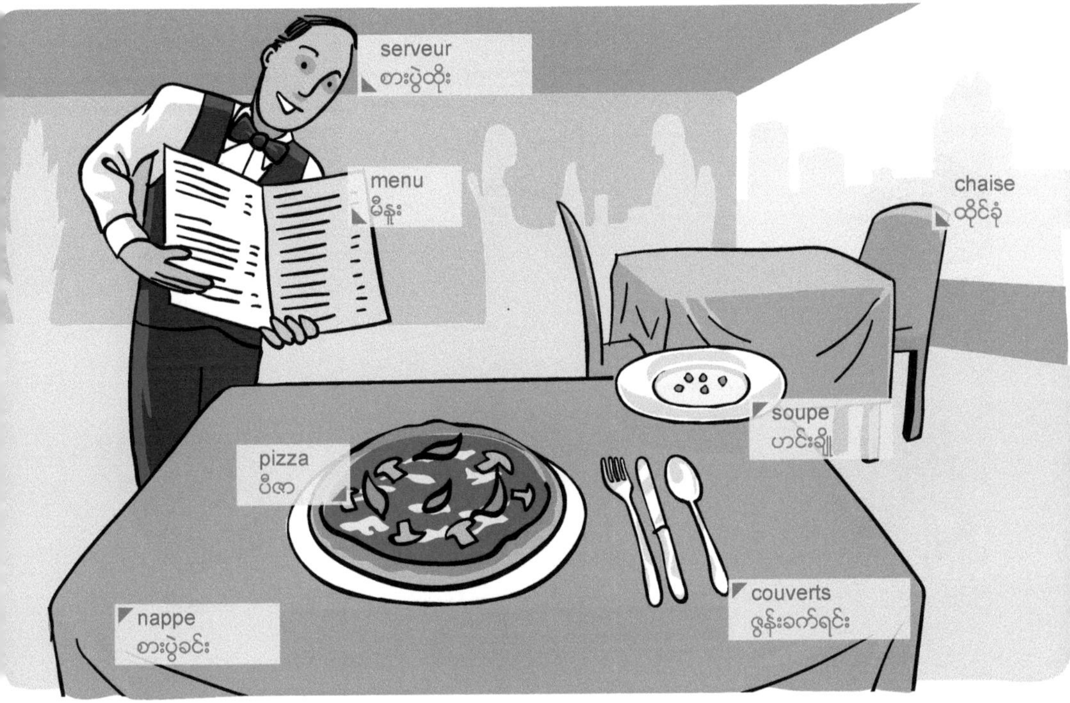
serveur
စားပွဲထိုး
menu
မီနူး
chaise
ထိုင်ခုံ
soupe
ဟင်းချို
pizza
ပီဇာ
couverts
ဇွန်းခက်ရင်း
nappe
စားပွဲခင်း

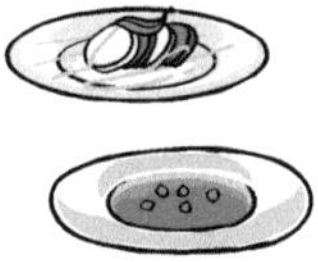

hors d'œuvre

ပထမဆုံး စားသည့် အစာ

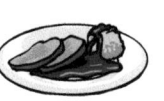

plat principal

ပင်မ အစာ

dessert

အချိုပွဲ

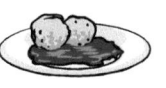

boissons

သောက်စရာများ

alimentation

အစားအစာ

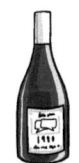

bouteille

ပုလင်း

fast-food
အသင့်ပြင်ပြီးသား အစားအစာ

plats à emporter
လမ်းဘေးအစားအစာ

théière
လက်ဖက်ရည်အိုး သို့မဟုတ်
ရေနွေးကြမ်းအိုး

sucrier
သကြားအိုး

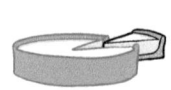

portion
တစ်ယောက်စာ

machine à expresso
အက်စက်ပရက်ဆို ကော်ဖီစက်

chaise haute
ထိုင်ခုံအမြင့်

facture
ငွေတောင်းခံလွှာ

plateau
ဗန်း

couteau
ဓါး

fourchette
ခက်ရင်း

cuillère
ဇွန်း

cuillère à thé
လက်ဖက်ရည်ဇွန်း

serviette
လက်သုတ်ပုဝါ

verre
ရေသောက်ဖန်ခွက်

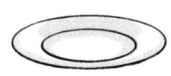

assiette
ပန်းကန်ပြား

assiette à soupe
ဟင်းချို၍ပန်းကန်ပြား

soucoupe
ပန်းကန်ပြား

sauce
ဆော့စ်

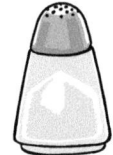

salière
ဆားအိုး

moulin à poivre
ငရုတ်ကောင်း ချေစက်

vinaigre
ရှာလကာရည်

huile
ဆီ

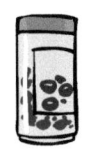 

épices
ဟင်းခတ်အမွှေးအကြိုင်

ketchup
ခရမ်းချဉ်သီးဆော့စ်

moutarde
မုန်ညင်းဆီဆော့စ်

mayonnaise
မယွဲးနိစ်

supermarché
စူပါမားကတ်

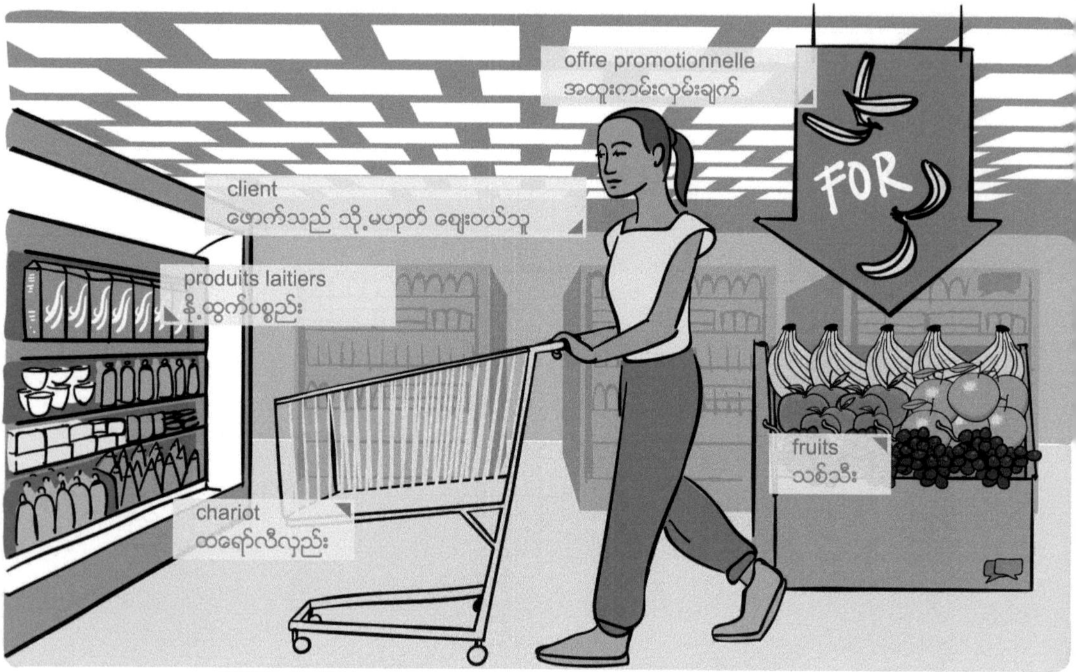

offre promotionnelle
အထူးကမ်းလှမ်းချက်
FOR
client
ဖောက်သည် သို့မဟုတ် ဈေးဝယ်သူ
produits laitiers
နို့ထွက်ပစ္စည်း
fruits
သစ်သီး
chariot
ထရော်လီလှည်း

BUTCHERS

boucherie

သားသတ်သမား၏

BAKERY

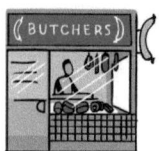

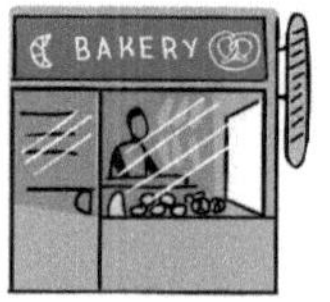

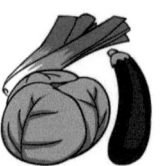

boulangerie

မုန့်ဖုတ်သမား၏

peser

အလေးချိန်သည်

légumes

ဟင်းသီးဟင်းရွက်

viande

အသား

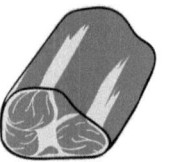

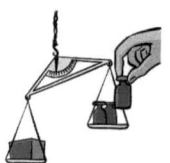

aliments surgelés

အေးခဲထားသည့် အစားအစာ

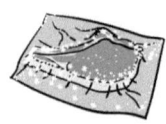

charcuterie

ပြင်ဆင်ထားသော အသားအေး

conserves

သံဗူးသွပ် အစားအစာ

poudre à lessive

ဆပ်ပြာမှုန့်

bonbons

သကြားလုံးများ

articles ménagers

အိမ်သုံး ပစ္စည်းများ

détergents

သန့်ရှင်းရေး ပစ္စည်းများ

vendeuse

ဈေးရောင်းသူ

caisse

အထိ

caissier

ငွေကိုင်

liste d'achats

ဈေးဝယ်စာရင်း

heures d'ouverture

ဖွင့်ချိန်နာရီများ

portefeuille

အိတ်ဆောင် ပိုက်ဆံအိတ်

carte de crédit

အကြွေးဝယ်ကတ်

sac

အိတ်

sac en plastique

ပလပ်စတစ်အိတ်

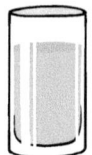

eau

ရေ

jus de fruit

သစ်သီးဖျော်ရည်

lait

နွားနို့

coca

ကိုကာကိုလာ

vin

ဝိုင်

bière

ဘီယာ

alcool

အရက်

chocolat chaud

ကိုကိုးမှုန့်

thé

လက်ဖက်ရည် သို့ မဟုတ်
ရေနွေးကြမ်း

café

ကော်ဖီ

expresso

အက်စ်ပရက်ဆို ကော်ဖီ

cappuccino

ကပူချီနိုကော်ဖီ

banane

ငှက်ပျောသီး

pomme

ပန်းသီး

orange

လိမ္မော်သီး

melon

ဖရဲသီးမျိုးဝင်

citron

သံပုယိုသီး

carotte

မုန်လာဥနီ

ail

ကြက်သွန်ဖြူ

bambou

မျှစ်

oignon

ကြက်သွန်နီ

champignon

မှို

noisettes

ပဲစေ့များ

pâtes

ခေါက်ဆွဲ

spaghetti

စပါဂတီ ခေါ် အီတာလီ ခေါက်ဆွဲ

riz

ထမင်း

salade

ဆလပ်ရွက်သုတ်

pommes frites

အကြွပ်ကြော်များ

pommes de terre rôties

အာလူးကြော်

pizza

ပီဇာ

hamburger

ဟမ်ဘာဂါ

sandwich

အသားညှပ်ပေါင်မုန့်

escalope

ကတ်တလိပ်

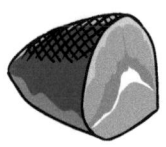

jambon

ဝက်ပေါင်ခြောက်

salami

ဆလာမီ

saucisse

ဝက်အူချောင်း

poulet

ကြက်သား

rôti

ရို့စ်လုပ်ခြင်း

poisson

ငါး

flocons d'avoine

ကွေကာအုတ်

muesli

မျူးစလီ

cornflakes

ပြောင်းစေ့ပြား

farine

ဂျုံမှုန့်

croissant

ခရာဆွန်း ခေါ်
ပြင်သစ်ပေါင်မုန့်တစ်မျိုး

petits-pains

ပေါင်မုန့်လိပ်

pain

ပေါင်မုန့်

pain grillé

ပေါင်မုန့်မီးကင်

biscuits

ဘီစကစ်

beurre

ထောပတ်

le fromage blanc

ဒိန်ခဲ

gâteau

ကိတ်မုန့်

œuf

ဥ

œuf au plat

ဥကြော်

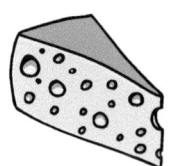

fromage

ချိစ်

glace

ရေခဲမုန့်

sucre

သကြား

miel

ပျားရည်

confiture

ယို

crème nougat

ယိုသုတ်စားသည့် ချောကလက်

curry

ဟင်း

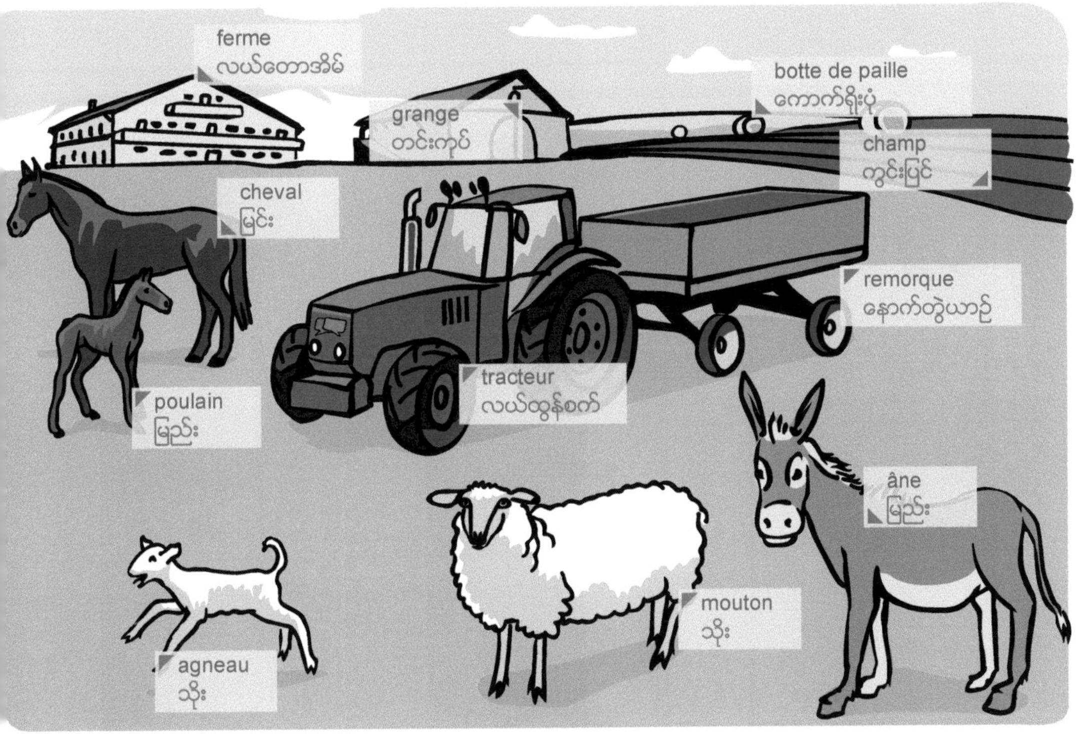

ferme
လယ်တောအိမ်

botte de paille
ကောက်ရိုးပုံ

grange
တင်းကုပ်

champ
ကွင်းပြင်

cheval
မြင်း

remorque
နောက်တွဲယာဉ်

poulain
မြည်း

tracteur
လယ်ထွန်စက်

âne
မြည်း

mouton
သိုး

agneau
သိုး

chèvre

ဆိတ်

vache

နွားမ

veau

နွားလေး

porc

ဝက်

porcelet

ဝက်ကလေး

taureau

နွားထီး

oie

ဘဲငန်း

canard

ဘဲ

poussin

ကြက်ပေါက်ကလေး

poule

ကြက်မ

coq

ကြက်ဖ

rat

ကြွက်

chat

ကြောင်

souris

ကြွက်ကလေး

bœuf

နွားထီး

chien

ခွေး

chenil

ခွေးအိမ်

tuyau de jardin

ပန်းခြံရေပိုက်

arrosoir

ရေလောင်းသည့်ခွက်

faucheuse

တံစဉ်အပြားကြီး

charrue

ထယ်

ferme - လယ်ယာ

faucille

တဈၟဥ်

pioche

ပေါက်ပြား

fourche

ကောက်ဆွ

hache

ပေါက်ချွန်း

brouette

ဘီးတပ် လက်တွန်းလှည်း

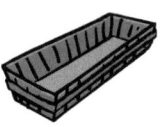

cuve

စားရွက်

pot à lait

နို့ပုံး

sac

အိတ်

clôture

ခြံစည်းရိုး

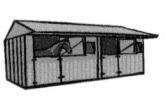

étable

မြင်းဇောင်း

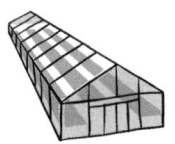

serre

မှန်လုံအိမ်

sol

မြေကြီး

semences

အစေ့

engrais

မြေသြဇာ

moissonneuse-batteuse

စုပေါင်း ရိတ်သိမ်းသူ

récolter

ရိတ်သိမ်းသည်

récolte

ရိတ်သိမ်းသည်

igname

ပိလောပိန်

blé

ဂျုံ

soja

ပဲပုပ်

pomme de terre

အာလူး

maïs

ပြောင်း

colza

နံစားပြောင်းဆီ

arbre fruitier

အသီးပင်

manioc

ပိလောပိန်

céréales

စီရီရယ် ခေါ် နံနက်စာတစ်မျိုး

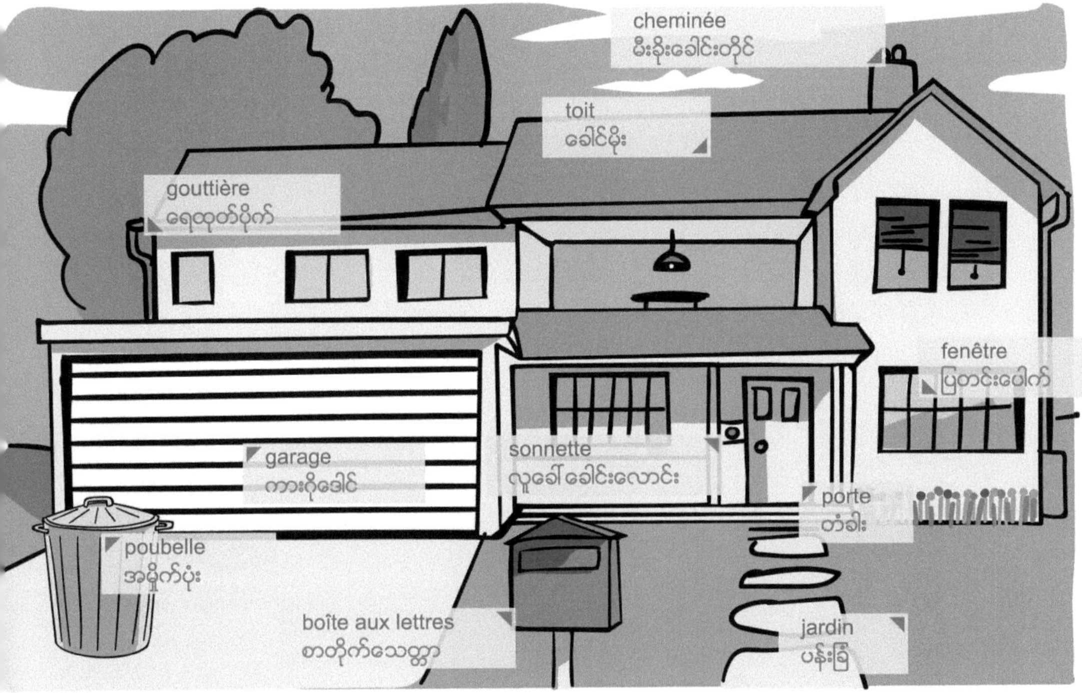

cheminée
မီးခိုးခေါင်းတိုင်

toit
ခေါင်မိုး

gouttière
ရေထွက်ပိုက်

fenêtre
ပြတင်းပေါက်

garage
ကားဂိုဒေါင်

sonnette
လူခေါ် ခေါင်းလောင်း

porte
တံခါး

poubelle
အမှိုက်ပုံး

boîte aux lettres
စာတိုက်သေတ္တာ

jardin
ပန်းခြံ

salon
ဧည့်ခန်း

salle de bain
ရေချိုးခန်း

cuisine
မီးဖိုချောင်

chambre à coucher
အိပ်ခန်း

chambre d'enfant
ကလေး အခန်း

salle à manger
ထမင်းစားခန်း

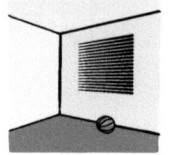

sol

ကြမ်းပြင်

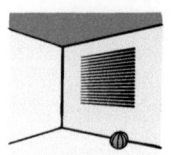

mur

နံရံ

plafond

မျက်နှာကြက်

cave

မြေအောက်ခန်း

sauna

ချွေးထုတ်ခန်း

balcon

ဝရန်တာ

terrasse

ဝရန်တာ

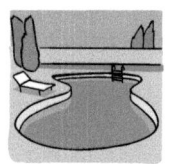

piscine

ရေကူးကန်

tondeuse à gazon

မြက်ရိတ်စက်

housse

အချပ်

couette

အိပ်ယာခင်း

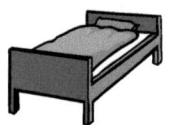

lit

အိပ်ယာ

balai

တံမြက်စည်း

sceau

ရေပုံး

interrupteur

မီးခလုတ်

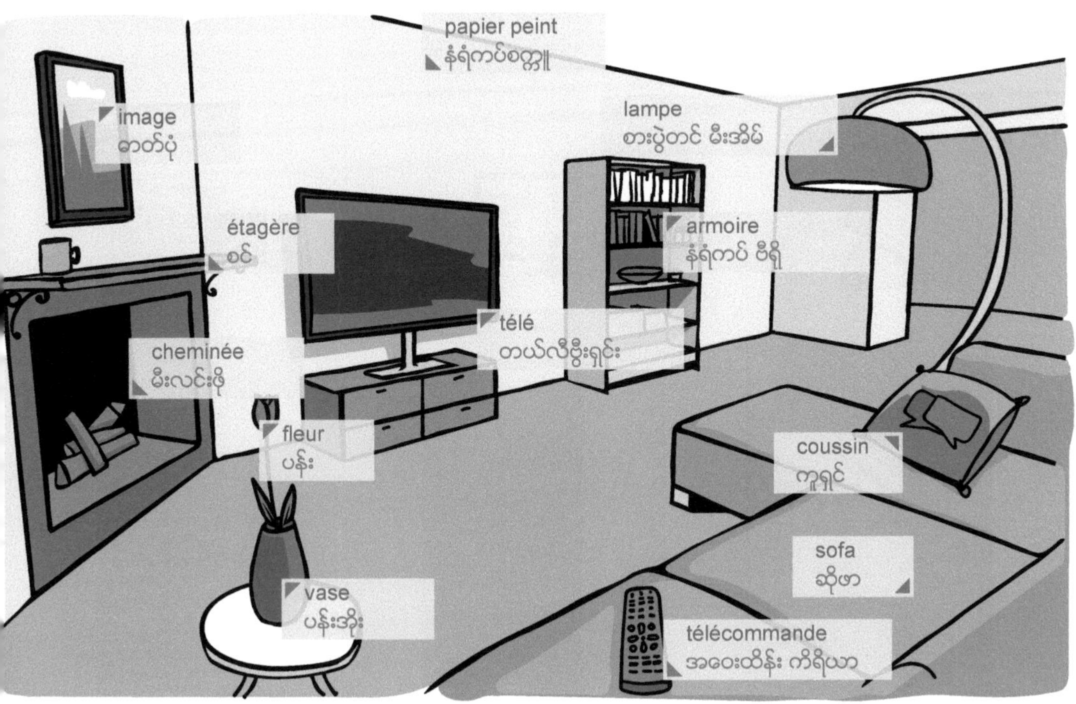

papier peint
နံရံကပ်စက္ကူ

image
ဓာတ်ပုံ

lampe
စားပွဲတင် မီးအိမ်

étagère
စင်

armoire
နံရံကပ် ဗီရို

télé
တယ်လီဗီးရှင်း

cheminée
မီးလင်းဖို

fleur
ပန်း

coussin
ကုရှင်

vase
ပန်းအိုး

sofa
ဆိုဖာ

télécommande
အဝေးထိန်း ကိရိယာ

tapis
ကော်ဇော

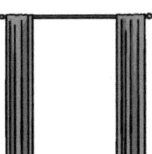

rideau
ကန့်လန့်ကာ

table
စားပွဲခုံ သို့မဟုတ် ဇယား

chaise
ထိုင်ခုံ

chaise à bascule
ရှေ့နောက် ယိမ်းနိုင်သည့် ထိုင်ခုံ

fauteuil
လက်တင်ထိုင်ခုံ

livre

စာအုပ်

couverture

စောင်

décoration

အပြင်အဆင်

bois de chauffage

ထင်း

film

ဖလင် သို့မဟုတ် ရုပ်ရှင်

chaîne hi-fi

ဟိုင်ဖိုင် ကိရိယာ

clé

သော့

journal

သတင်းစာ

peinture

ပန်းချီကား

poster

ပိုစတာ

radio

ရေဒီယို

bloc-notes

မှတ်စုစာရွက်အုပ်

aspirateur

ဖုံစုပ်စက်

cactus

ရှားစောင်းပင်

bougie

ဖယောင်းတိုင်

cuisine
မီးဖိုချောင်

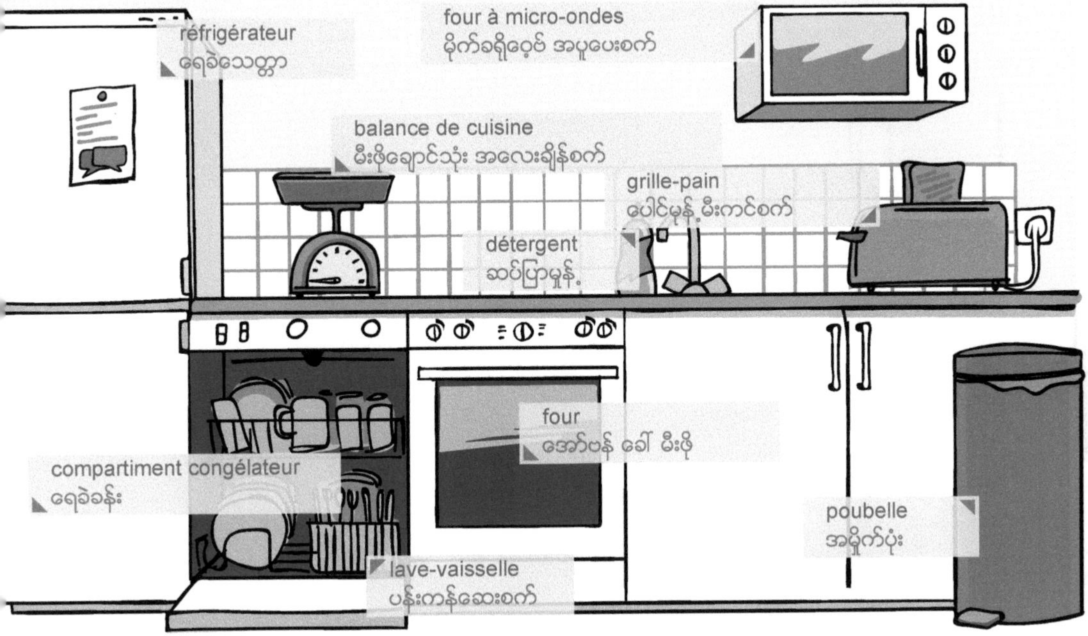
réfrigérateur
ရေခဲသေတ္တာ
four à micro-ondes
မိုက်ခရိုဝေ့ဗ် အပူပေးစက်
balance de cuisine
မီးဖိုချောင်သုံး အလေးချိန်စက်
grille-pain
ပေါင်မုန့် မီးကင်စက်
détergent
ဆပ်ပြာမှုန့်
four
အော်ဗန် ခေါ် မီးဖို
compartiment congélateur
ရေခဲခန်း
poubelle
အမှိုက်ပုံး
lave-vaisselle
ပန်းကန်ဆေးစက်

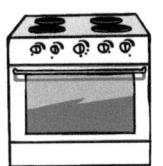

four

လျှပ်စစ် ချက်ပြုတ်အိုး

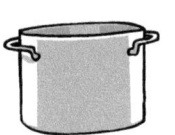

casserole

အိုး

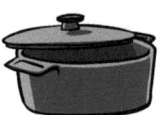

marmite

သံအိုးကြီး

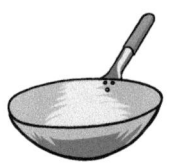

wok / kadai

မွှေကြော်သည့် ဒယ်အိုးကြီး / ကာဒိုင်း

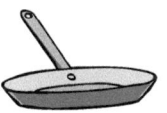

poêle

ဒယ်အိုး

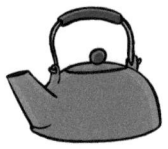

bouilloire electrique

ရေနွေးတည်သည့်အိုး

cuiseur vapeur

ပေါင်းစက်

plaque de cuisson

မုန့်ဖုတ်သည့် ပန်း

vaisselle

ကြွေပန်းကန်ပြား ခွက်ယောက်

gobelet

မတ်ခွက်

coupe

ဇလုံပန်းကန်

baguettes

အစာစားသည့်တူများ

louche

ယောက်ချို

spatule

မွှေသည့်အတံ

fouet

ခေါက်တံ

passoire

စစ်သည့် အရာ

tamis

စကာ

râpe

ခြစ်သည့်ကိရိယာ

mortier

ကြိုင်ဆုံ

barbecue

ဘာဘီကျူးကင်

cheminée

ထင်းမီးဖို

planche à découper

စင်းနီးတုံး

rouleau à pâtisserie

လည်နေသောပင်

tire-bouchon

ဖော့ဆို့

boîte

သံဗူး

ouvre-boîte

သံဗူးဖောက်တံ

maniques

အိုးတင်သည့်အရာ

lavabo

ရေဆေးသည့် နေရာ

brosse

စုပ်တံ

éponge

ရေမြှုပ်

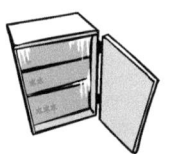

mixeur

မွှေသည့်စက်

congélateur

အေးခဲသည့် ရေခဲခန်း

biberon

ကလေးနို့ဗူး

robinet

ရေပိုက်ခေါင်း

salle de bain
ရေချိုးခန်း

chauffage
အပူပေးခြင်း
serviette
မျက်နှာသုတ်ပုဝါ
douche
ရေပန်း
rideau de douche
ရေချိုးခန်းကန့်လန့်ကာ
bain moussant
ရေစိမ်ချိုးရန် ရေမြှုပ်ဆပ်ပြာရည်
baignoire
ရေစိမ်ချိုးသည့်ကန်
verre
ရေသောက်ဖန်ခွက်
machine à laver
အဝတ်လျှော်စက်
robinet
ရေပိုက်ခေါင်း
carrelage
ကျောက်ပြားများ
pot
အပေါ့အလေး စွန့်သည့်အိုး
lavabo
ရေဆေးသည့် နေရာ

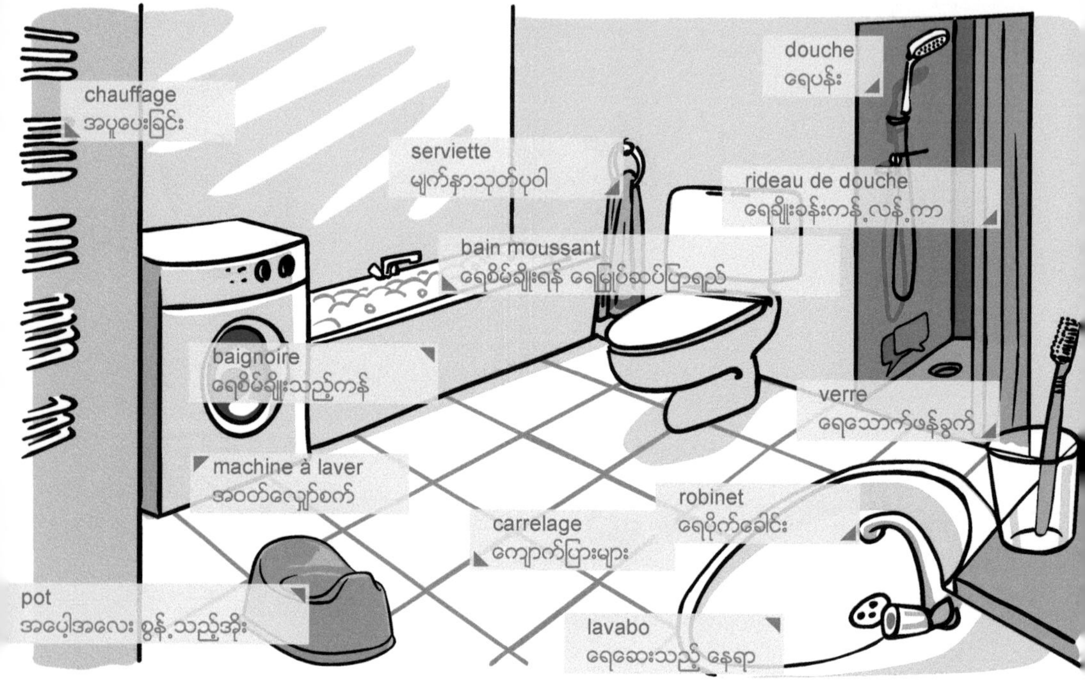

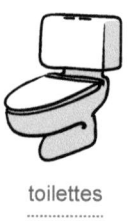

toilettes

အိမ်သာ

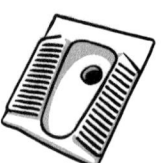

toilette à la turque

ဆောင့်ကြောင့်ထိုင်ရသည့် အိမ်သာ

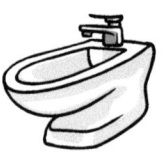

bidet

အမျိုးသမီးသုံး အောက်ပိုင်းဆေးသည့် ကမုတ်

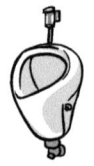

urinoir

အမျိုးသား ဆီးသွားသည့်ကမုတ်

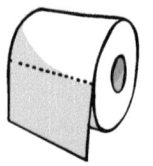

papier toilette

အိမ်သာသုံး စက္ကူ

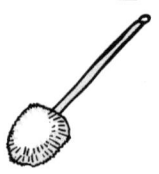

brosse à toilette

အိမ်သာတိုက် ဘရပ်ရှ်

brosse à dents

သွားတိုက်တံ

dentifrice

သွားတိုက်ဆေး

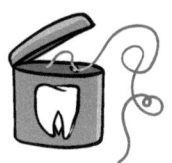

fil dentaire

သွား ချေးထုတ်သည့် ကြိုး

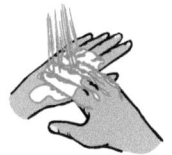

laver

ဆေးကြောသည်

douche manuelle

လက်ကိုင် ရေပန်း

douche intime

ရေပန်းဖြင့်ရေချိုးခြင်း

vasque

ရေအင်တုံ

brosse dorsale

နောက်ကျော ချေးတွန်းသည့်
ဘရပ်ရှ်

savon

ဆပ်ပြာ

gel douche

ရေချိုးဆပ်ပြာရည်

shampooing

ခေါင်းလျှော်ရည်

gant de toilette

ဖလန်နယ်စ

écoulement

ရေထွက်ပေါက်

crème

ခရင်မ်

déodorant

ဒီအော်ဒရန့် ခေါ်
ကိုယ်လိမ်းအမွှေးနံ့သာ

miroir

မှန်

miroir cosmétique

လက်ကိုင်မှန်

rasoir

မုတ်ဆိတ်ရိတ်တံ

mousse à raser

မုတ်ဆိတ်ရိတ်ရန် အမြှုပ်

après-rasage

မုတ်ဆိတ်ရိတ်ပြီး
လိမ်းသည့်အမွေးနံ့သာ

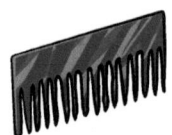

peigne

ခေါင်းဘီး

brosse

ဘရပ်ရှ်

sèche-cheveux

ဆံပင်ခြောက်စက်

laque pour cheveux

ဆံပင်ဖြန်းဆေး

fond de teint

မိတ်ကပ်

rouge à lèvres

နှုတ်ခမ်းဆိုးဆေး

vernis à ongles

လက်သည်းဆိုးဆေး

ouate

ဝွမ်းလုံး

coupe-ongles

လက်သည်းညှပ် ကပ်ကြေး

parfum

ရေမွှေး

40   **salle de bain - ရေချိုးခန်း**

trousse de toilette
ရေချိုးခန်းသုံး အိတ်

tabouret
ခွေးခြေ

pèse-personne
ကိုယ်အလေးချိန်တိုင်းသည့်စက်

peignoir
ရေချိုးပြီး ဝတ်သည့်ဝတ်ရုံ

gants de nettoyage
ရာဘာ လက်အိတ်များ

tampon
တန်ပွန် ခေါ် ဓမ္မတာလာစဉ် မိန်း
မကိုယ်တွင်းထည့်သည့်အရာ

serviettes hygiéniques
အမျိုးသမီး လစဉ်သုံးပုဝါစ

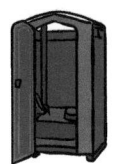

toilette chimique
ဓာတုပစ္စည်းထည့်သုံးသည့်
အိမ်သာ

réveil
နှိုးစက်

doudou
ဖက်အိပ်သည့်အရုပ်

voiture jouet
အရုပ်ကား

hochet
ခလောက်

maison de poupée
အရုပ်မအိမ်

cadeau
လက်ဆောင်

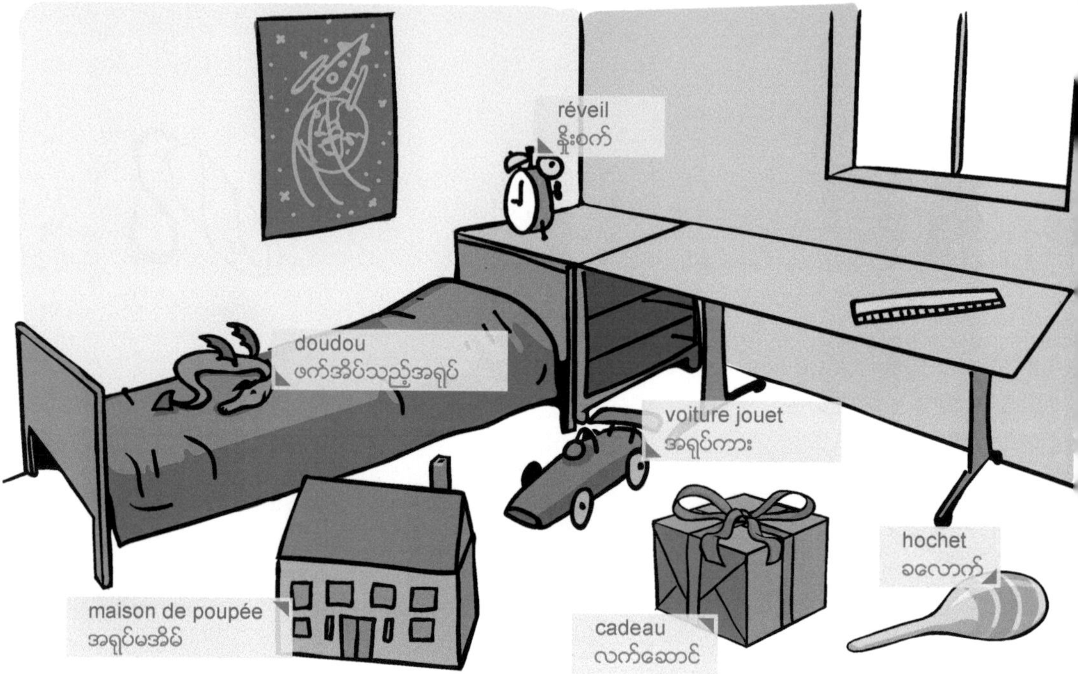

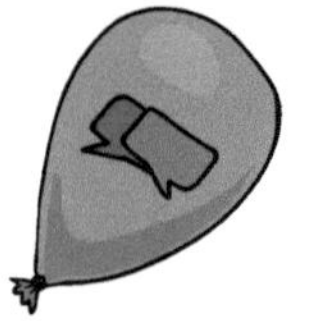

ballon
ပူဖောင်း

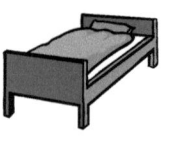

lit
အိပ်ယာ

poussette
ကလေးတွန်းလှည်း

jeu de cartes
ကစားသည့်ကတ်ထုပ်

puzzle
ဂျစ်ဆော ခေါ်
ဆက်၍ကစားသည့်
အပိုင်းအစများ

bande dessinée
ရုပ်ပြစာအုပ်

pièces lego
ဆောက်၍ကစားသည့် လေဂို
အတုံးများ

blocs de construction
ဆောက်၍ကစားသည့်
အတုံးများ

figurine
လှုပ်ရှားလုပ်ကိုင်သူ

grenouillère
ဘောဘီဂရိုး

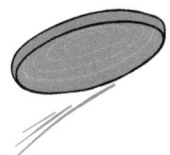

frisbee
ဖရစ်ဘီး ခေါ် ပစ်၍ ကစားသည့်
အပြား

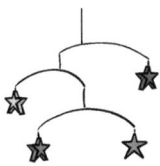

mobile
ရွေ့လျားနိုင်သော

jeu de société
ဘုတ်ပြားပေါ် တွင် ကစားနည်း

dé
အံစာတုံး

train miniature
ကစားစရာ ရထား အစုံမော်ဒယ်

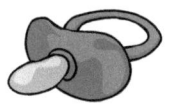

sucette
အရုပ်

fête
ပါတီ

livre d'images
ရုပ်ပြစာအုပ်

balle
ဘောလုံး

poupée
အရုပ်မ

jouer
ကစားသည်

bac à sable
ကစားသည့် သဲပုံး

balançoire
ဒန်း

jouets
အရုပ်များ

console de jeu
ဗွီဒီယိုဂိမ်းကစားသည့် စက်

tricycle
သုံးဘီး စက်ဘီး

ours en peluche
တက်ဒီ ဝက်ဝံရုပ်

armoire
အဝတ်ဗီရို

vêtements
အဝတ်အစား

chaussettes
ခြေအိတ်များ

bas
အမျိုးသမီးဝတ် ခြေအိတ်ရှည်

collant
အမျိုးသမီး ခြေအိတ်အကြပ်

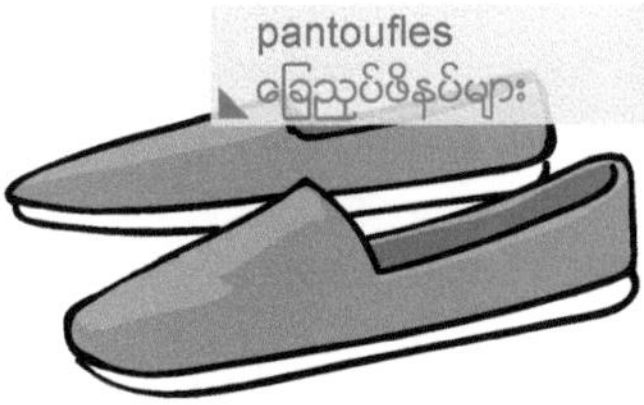

écharpe
ပုဝါ

ceinture
ခါးပတ်

parapluie
ထီး

t-shirt
တီရှပ်

bottes
ဘွတ်ဖိနပ်များ

pantoufles
ခြေသွပ်ဖိနပ်များ

baskets
အားကစားဖိနပ်များ

sandales
ခြေစွပ် နောက်ပိတ်ဖိနပ်

chaussures
ရှူးဖိနပ်များ

bottes de caoutchouc
ရာဘာ ဘွတ်ဖိနပ်များ

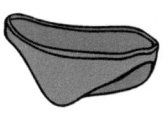

sous-vêtements
အောက်ခံ အဝတ်များ

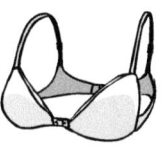

soutien-gorge
ဘရာဇီယာ

maillot de corps
အပေါ် ထပ် လက်ပြတ်အကျီ

body

ကိုယ်ခန္ဓာ

pantalon

ဘောင်းဘီရှည်

jean

ဂျင်းဘောင်းဘီ

jupe

စကပ်

chemisier

ဘလောက်စ်အင်္ကျီ

chemise

ရှပ်အင်္ကျီ

pull

ခေါင်းစွပ်အင်္ကျီ

sweat à capuche

ခေါင်းစွပ်ပါ အင်္ကျီ

veste

ဘလေဇာကုတ်အင်္ကျီ

veste

ဂျက်ကတ်အင်္ကျီ

manteau

ကုတ်အင်္ကျီ

imperméable

မိုးကာ ကုတ်အင်္ကျီ

costume

ဝတ်စုံ

robe

ဂါဝန်

robe de mariée

လက်ထပ် ဝတ်စုံ

costume

အနောက်တိုင်းဝတ်စုံပြည့်

chemise de nuit

ညအိပ်အကျီ

pyjama

ညအိတ်ဝတ်စုံ

sari

ဆာရီ

foulard

ခေါင်းအုပ်ပုဝါ

turban

တာဘန် ခေါ် ခေါင်းပေါင်း

burqa

ဘာကာခေါ်
အမျိုးသမီးခေါင်းအုပ်

caftan

ကာ့ဖ်တန် ခေါ်
အမျိုးသားဝတ်ဘောင်းဘီ

abaya

အာဘယာ ခေါ် မွတ်ဆလင်
အမျိုးသမီးဝတ်အကုံ့ီ

maillot de bain

ရေကူးဝတ်စုံ

maillot de bain

အဝတ်သေတ္တာ

short

ဘောင်းဘီတို

tenue d'entraînement

အားကစားဝတ်စုံ

tablier

ခါးစည်း အဝတ်

gants

လက်အိတ်များ

bouton
ကြယ်သီး

lunettes
မျက်မှန်

bracelet
လက်ကောက်

collier
လည်ဆွဲ

bague
လက်စွပ်

boucle d'oreille
နားကပ်

bonnet
ခေါင်းဆောင်း ဦးထုပ်

cintre
ကုတ်အင်္ကျီ ချိတ်

chapeau
ဦးထုပ်

cravate
နက်တိုင်

fermeture éclair
ဇစ်

casque
ဟဲလ်မက်ခေါ် ခေါင်းဆောင်း

bretelles
သွားထိန်းများ

uniforme scolaire
ကျောင်းဝတ်စုံ

uniforme
ယူနီဖောင်းဝတ်စုံ

bavoir
သွားရည်ခံ

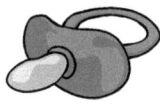

sucette
အရုပ်

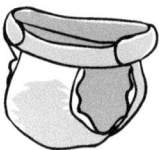

lange
ကလးအနှီး

bureau
ရုံးခန်း

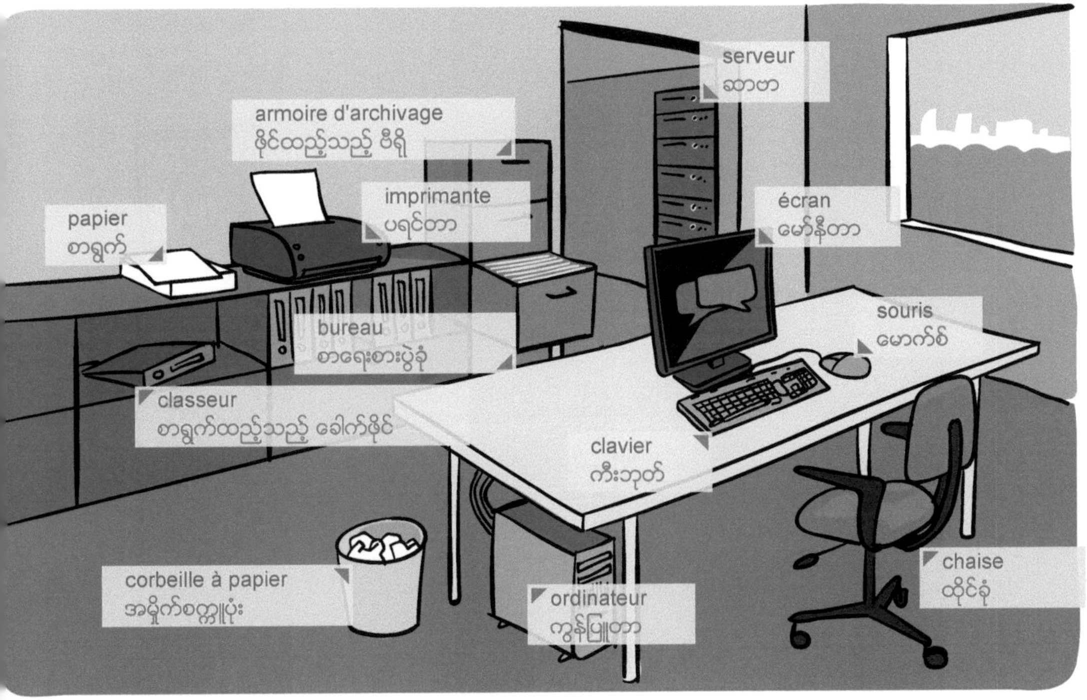

serveur
ဆာဗာ

armoire d'archivage
ဖိုင်ထည့်သည့် ဗီရို

imprimante
ပရင်တာ

écran
မော်နီတာ

papier
စာရွက်

souris
မောက်စ်

bureau
စာရေးစားပွဲခုံ

classeur
စာရွက်ထည့်သည့် ခေါက်ဖိုင်

clavier
ကီးဘုတ်

chaise
ထိုင်ခုံ

corbeille à papier
အမှိုက်စက္ကူပုံး

ordinateur
ကွန်ပြူတာ

tasse de café
ကော်ဖီ မတ်ခွက်

calculatrice
ဂဏန်းတွက်စက်

internet
အင်တာနက်

ordinateur portable
ပေါင်ပေါ်တင်ရိုက်နိုင်သည့်
ကွန်ပျူတာ

lettre
စာ

message
မက်ဆေ့ချ်

portable
မိုဘိုင်းဖုန်း

réseau
ကွန်ရက်

photocopieuse
မိတ္တူကူးစက်

logiciel
ဆော့ဖ်ဝဲရ်

téléphone
တယ်လီဖုန်း

prise
ပလပ်ပေါက်

fax
ဖက်စ်ပို့သည့်စက်

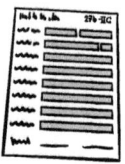

formulaire
ပုံစံ

document
စာရွက်စာတမ်း

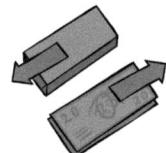

acheter

ဝယ်ယူသည်

payer

ပေးအပ်သည်

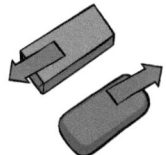

faire du commerce

ကုန်သွယ်သည်

monnaie

ပိုက်ဆံ

 **USD**

dollar

ဒေါ်လာ

 **EUR**

euro

ယူရိုငွေ

 **JPY**

yen

ယန်းငွေ

 **RUB**

rouble

ရူဘယ်ငွေ

 **CHF**

franc suisse

ဆွစ်ဇာလန်နိုင်ငံသုံးငွေ

 **CNY**

renminbi yuan

ရမ်မင်ဘီ ယွမ်

 **INR**

roupie

ရူပီး

distributeur automatique

ငွေချေသည့်နေရာ

bureau de change

ငွေလဲဌာန

or

ရွှေ

argent

ငွေ

pétrole

ဆီ

énergie

စွမ်းအင်

prix

ဈေးနှုန်း

contrat

စာချုပ်

taxe

အခွန်

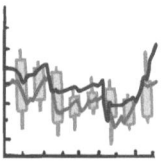

action

စတော့ဈေးကွက်

travailler

အလုပ်လုပ်သည်

employé

ဝန်ထမ်း

employeur

အလုပ်ရှင်

usine

စက်ရုံ

magasin

ဆိုင်

agent de police
ရဲအရာရှိ

pompier
မီးသတ်သမား

cuisinier
စားဖိုမှူး

médecin
ဆရာဝန်

pilote
ပိုင်းလော့

jardinier
မာလီ

menuisier
လက်သမား

couturière
စက်ချုပ်သူ

juge
တရားသူကြီး

chimiste
ဓာတုဗေဒပညာရှင်

acteur
သရုပ်ဆောင်

conducteur de bus

ဘတ်စ်ကားမောင်းသမား

chauffeur de taxi

တက္ကစီမောင်းသူ

pêcheur

ငါးဖမ်းသမား

femme de ménage

သန့်ရှင်းရေး အလုပ်သမ

couvreur

အမိုးပြင်သူ

serveur

စားပွဲထိုး

chasseur

အမဲလိုက်မုဆိုး

peintre

ဆေးသုတ်သမား သို့မဟုတ်
ပန်းချီဆရာ

boulanger

မုန့်ဖုတ်သမား

électricien

လျှပ်စစ်ပညာရှင်

ouvrier

ဆောက်လုပ်ရေးသမား

ingénieur

အင်ဂျင်နီယာ

boucher

သားသတ်သမား

plombier

ပိုက်ဆက်ဆရာ

facteur

စာပို့သမား

soldat

စစ်သား

architecte

ဗိသုကာပညာရှင်

caissier

ငွေကိုင်

fleuriste

ပန်းပညာရှင်

coiffeur

ဆံပင်အလှပြင်သူ

contrôleur

လက်မှတ်စစ်

mécanicien

စက်ပြင်ဆရာ

capitaine

ကပ္ပတိန်

dentiste

သွားဘက်ဆိုင်ရာ ဆရာဝန်

scientifique

သိပ္ပံပညာရှင်

rabbin

ရာဘိုင်

imam

မွတ်ဆလင် တရားဟောဆရာ

moine

ဘုန်းကြီး

prêtre

တရားဟောဆရာ

outils

ကိရိယာ တန်ဆာပလာများ

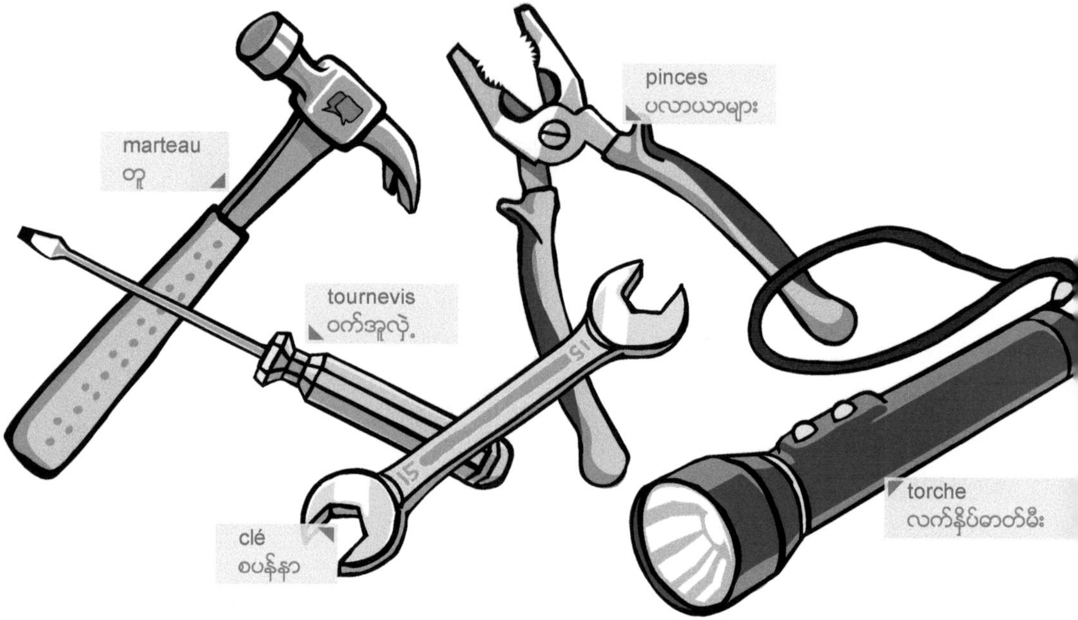

marteau
တူ

pinces
ပလာယာများ

tournevis
ဝက်အူလှည့်

clé
စပန်နာ

torche
လက်နှိပ်ဓာတ်မီး

pelleteuse

မြေတူးစက်

boîte à outils

လက်သမားသုံးကိရိယာ
သေတ္တာ

échelle

လှေကား

scie

လွှ

clous

လက်သည်းများ

perceuse

အပေါက်ဖောက်စက်

réparer
ပြင်ဆင်သည်

pelle
ဂေါ်ပြား

Mince !
ချီးတဲ့မှပဲ

pelle
ဖုန်ကျုံးသည့် ဂေါ်ပြား

pot de peinture
ဆေးရောင်အိုး

vis
ဝက်အူများ

instruments de musique
ဂီတတူရိယာများ

batterie
ဒရမ် အစုံ

haut-parleurs
အသံချဲ့စက်

guitare
ဂီတာ

contrebasse
နှစ်ထပ် ဘော့စ်ဂီတာ

trompette
တံပိုး တူရိယာ

piano

စန္တယား

violon

တယော

basse

ဘော့စ်ဂီတာ

timbales

နားစည်အမြှေးပါး

tambour

ဒရမ်များ

piano électrique

ကီးဘုတ် တူရိယာ

saxophone

ဆက်ဆိုဖုန်း ခေါ်
လေမှုတ်တူရိယာ

flûte

ပုလွေ

microphone

စကားပြောစက်

ZOO
တိရိစ္ဆာန်ရုံ

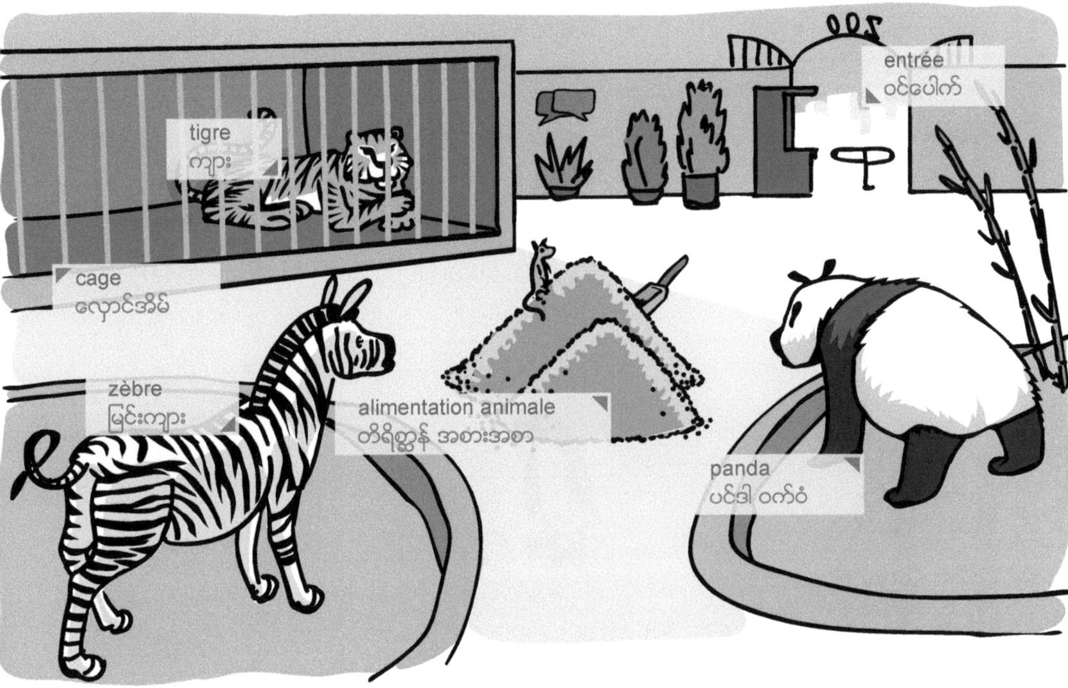
entrée
ဝင်ပေါက်
tigre
ကျား
cage
လှောင်အိမ်
zèbre
မြင်းကျား
alimentation animale
တိရိစ္ဆာန် အစားအစာ
panda
ပင်ဒါ ဝက်ဝံ

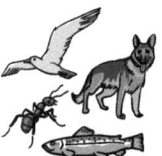

animaux
တိရိစ္ဆာန်များ

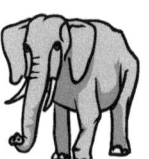

éléphant
ဆင်

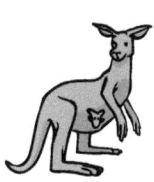

kangourou
သားပိုက်ကောင်

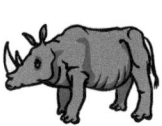

rhinocéros
ကြံ့

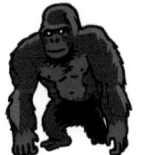

gorille
ဂေါ်ရီလာမျောက်

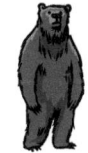

ours
ဝက်ဝံ

chameau

ကုလားအုတ်

autruche

ငှက်ကုလားအုတ်

lion

ခြင်္သေ့

singe

မျောက်

flamand rose

ဖလန်မင်းဂိုးငှက်

perroquet

ကြက်တူရွေး

ours polaire

ဝိုလာဝက်ဝံ

pingouin

ပင်ဂွင်းငှက်

requin

ငါးမန်း

paon

ဥဒေါင်းငှက်

serpent

မြွေ

crocodile

မိကျောင်း

gardien de zoo

တိရိစ္ဆာန်ရုံ ထိန်းသိမ်းသူ

phoque

ဖျံ

jaguar

ကျားသစ်

poney

ပိုနီမြင်း

léopard

ကျားသစ်

hippopotame

ရေမြင်း

girafe

သစ်ကုလားအုတ်

aigle

သိန်းငှက်

sanglier

တောဝက်

poisson

ငါး

tortue

လိပ်

morse

ပင်လယ်ဖျံကြီး

renard

မြေခွေး

gazelle

ဦးချိုပါ သမင်ညိုတစ်မျိုး

sports

အားကစားများ

american Football
အမေရိကန် ဖွတ်ဘော
cyclisme
စက်ဘီးစီးခြင်း
tennis
တင်းနစ်ရိုက်ခြင်း
basket-ball
ဘတ်စကက်ဘော
natation
ရေကူးခြင်း
boxe
လက်ဝှေ့
hockey sur glace
ရေခဲပြင် ဟော်ကီ

football

ဘောလုံးကန်ခြင်း

badminton

ကြက်တောင်ရိုက်ခြင်း

athlétisme

ကိုယ်လက်လှုပ်ရှား အားကစားများ

handball

ဟန်းဒ်ဘော ခေါ် လက်ပစ်ဘော

ski

နှင်းလျှောစီးခြင်း

polo

ပိုလို

sauter
ခုန်သည်

rire
ရယ်မောသည်

embrasser
ပွေ့ဖက်သည်

marcher
လမ်းလျှောက်သည်

chanter
သီချင်းဆိုသည်

rêver
အိပ်မက်သည်

prier
ဆုတောင်းသည်

faire la bise
နမ်းရှုပ်သည်

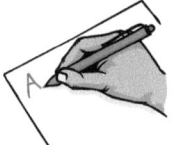

écrire
စာရေးသည်

dessiner
ရေးဆွဲသည်

montrer
ပြသသည်

pousser
တွန်းသည်

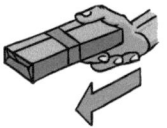

donner
ပေးသည်

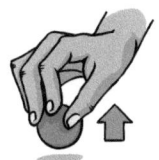

prendre
ယူသည်

avoir

ရှိသည်

faire

ပြုလုပ်သည်

être

ဖြစ်သည်

être debout

မတ်တပ်ရပ်သည်

courir

ပြေးသည်

trier

ဆွဲသည်

jeter

ပစ်သည်

tomber

လဲကျသည်

être couché

လိမ်လည်သည်သည်

attendre

စောင့်ဆိုင်းသည်

porter

သယ်ဆောင်သည်

être assis

ထိုင်သည်

s'habiller

အဝတ်အစားဝတ်သည်

dormir

အိပ်သည်

se réveiller

အိပ်ယာမှ ထသည်

regarder
တစ်ခုခုကို ကြည့်ရှုသည်

pleurer
ငိုသည်

caresser
ပွတ်သပ်သည်

peigner
ဘီးဖီးသည်

parler
စကားပြောသည်

comprendre
နားလည်သည်

demander
မေးသည်

écouter
နားထောင်သည်

boire
သောက်သည်

manger
စားသည်

ranger
သပ်ရပ်အောင်လုပ်သည်

aimer
ချစ်သည်

cuire
ချက်ပြုတ်သည်

conduire
မောင်းသည်

voler
ပျံသန်းသည်

faire de la voile
ရွက်လွှင့်သည်

calculer
တွက်ပါ

lire
ဖတ်သည်

apprendre
သင်ယူသည်

travailler
အလုပ်လုပ်သည်

se marier
လက်ထပ်သည်

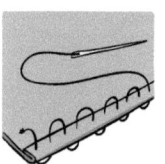

coudre
အပ်ချုပ်သည်

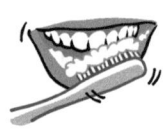

brosser les dents
သွားတိုက်သည်

tuer
သတ်သည်

fumer
ဆေးလိပ်သောက်သည်

envoyer
ပို့သည်

grand-mère
အဖွား

grand-père
အဖိုး

père
ဖခင်

bébé
ကလေး

mère
မိခင်

fille
သမီး

fils
သား

hôte
ဧည့်သည်

tante
အဒေါ်

oncle
ဦးလေး

frère
အစ်ကို

sœur
အစ်မ

corps
ကိုယ်ခန္ဓာ

front
နဖူး
œil
မျက်လုံး
épaule
ပုခုံး
doigt
လက်ချောင်း
visage
မျက်နှာ
menton
မေးစေ့
main
လက်
jambe
ခြေသလုံး
poitrine
ရင်သား
bras
လက်မောင်း

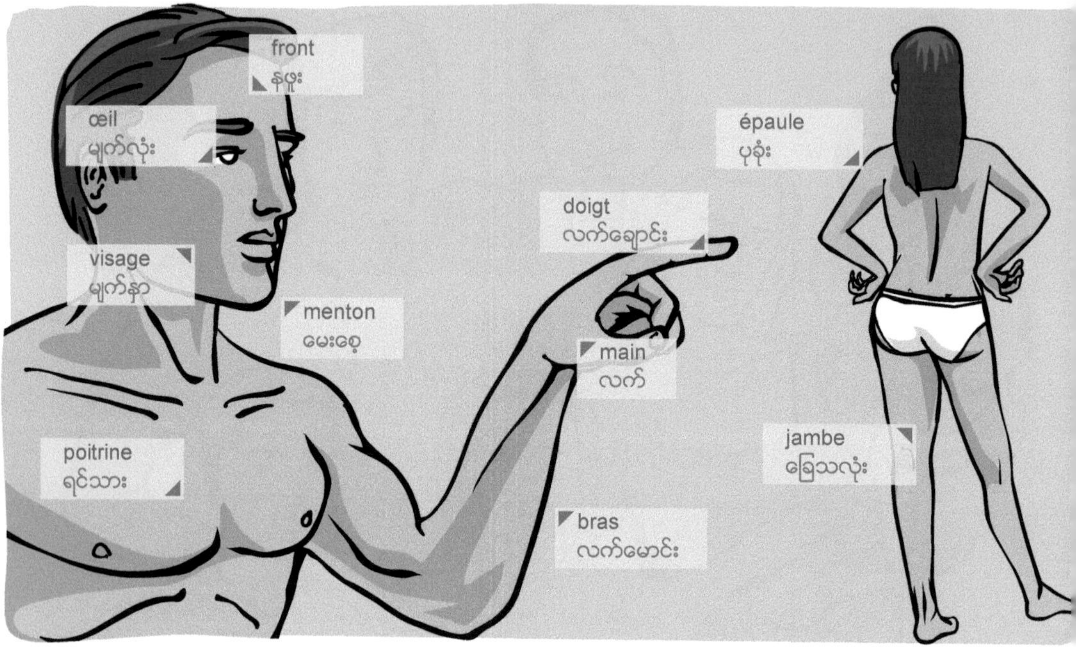

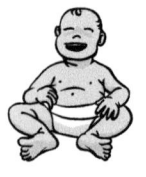

bébé
ကလေး

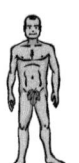

homme
ယောကျ်ားကြီး

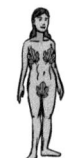

femme
အမျိုးသမီးကြီး

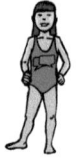

fille
မိန်းကလေး

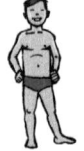

garçon
ယောကျ်ားလေး

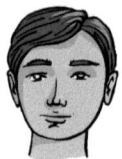

tête
ဦးခေါင်း

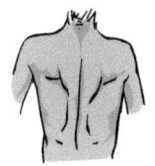

dos

နောက်ကျော

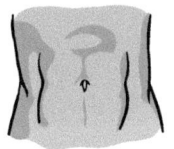

ventre

ဗိုက်

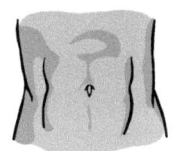

nombril

ချက်

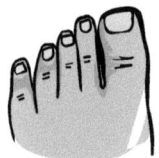

orteil

ခြေချောင်း

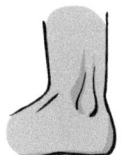

talon

ဖနောင့်

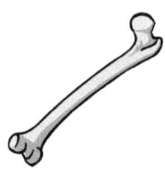

os

အရိုး

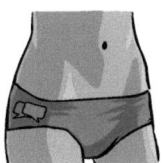

hanche

တင်ရိုး

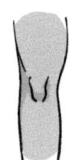

genou

ဒူးခေါင်း

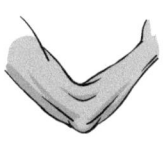

coude

တံတောင်ဆစ်

nez

နှာခေါင်း

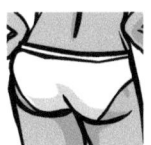

fesses

တင်ပါး

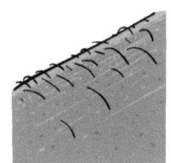

peau

အရေပြား

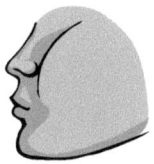

joue

ပါးပြင်

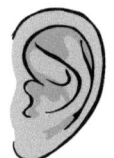

oreille

နား

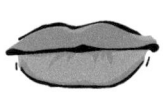

lèvre

နှုတ်ခမ်း

bouche

ပါးစပ်

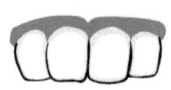

dent

သွား

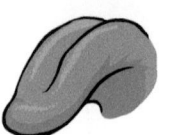

langue

လျှာ

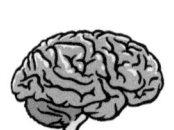

cerveau

ဦးနှောက်

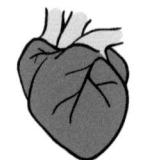

cœur

နှလုံး

muscle

ကြွက်သား

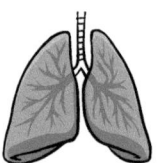

poumons

အဆုတ်

foie

အသည်း

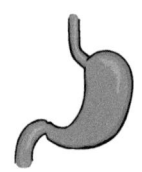

estomac

အစာအိမ်

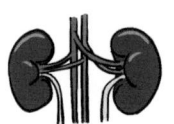

reins

ကျောက်ကပ်များ

rapport sexuel

လိင်

préservatif

ကွန်ဒုံး

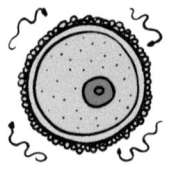

ovule

သားဥ

sperme

သုတ်ရည်

grossesse

ကိုယ်ဝန်

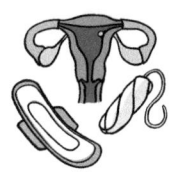

menstruation

ဓမ္မတာလာခြင်း

vagin

မိန်းမကိုယ်

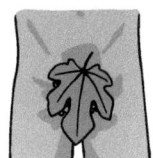

pénis

လိင်တံ

sourcil

မျက်ခုံး

cheveux

ဆံပင်

cou

လည်ပင်း

hôpital

ဆေးရုံ

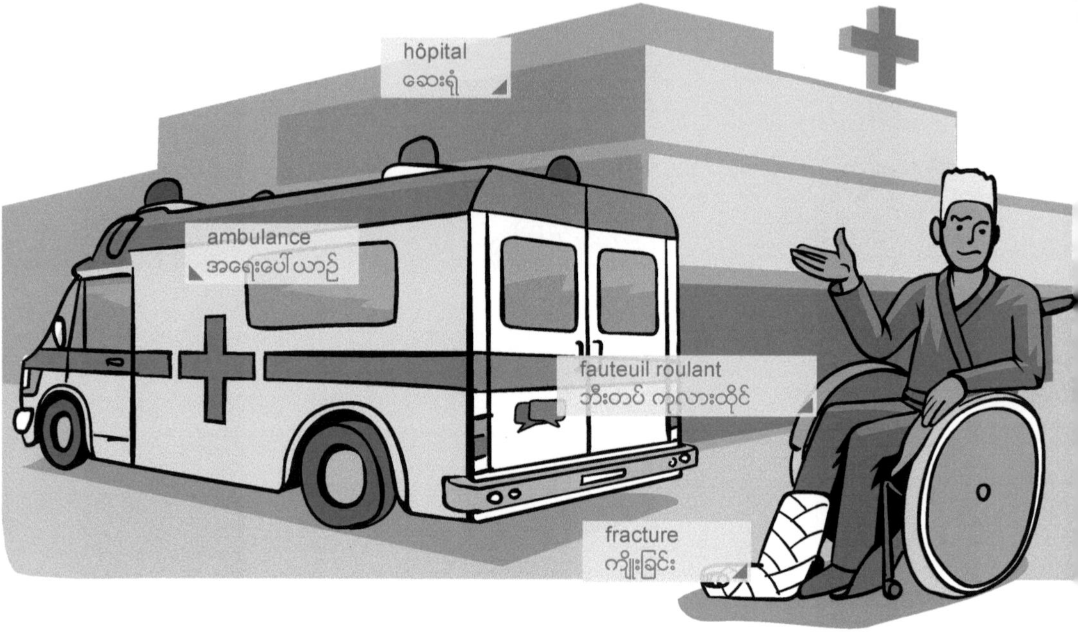

hôpital
ဆေးရုံ
ambulance
အရေးပေါ်ယာဉ်
fauteuil roulant
ဘီးတပ် ကုလားထိုင်
fracture
ကျိုးခြင်း

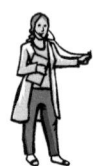

médecin

ဆရာဝန်

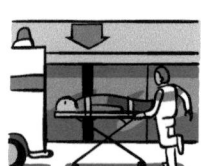

service des urgences

အရေးပေါ် ဆေးကုသခန်း

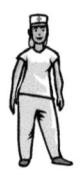

infirmière

သူနာပြု

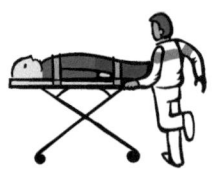

urgence

အရေးပေါ်

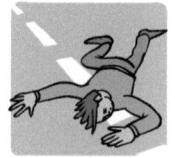

inconscient

သတိလစ်ခြင်း

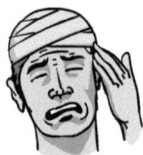

douleur

နာခြင်း

blessure

ဒဏ်ရာ

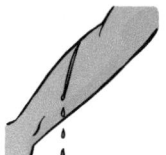

hémorragie

သွေးယိုထွက်ခြင်း

crise cardiaque

နှလုံးရပ်ခြင်း

attaque cérébrale

လေဖြတ်ခြင်း

allergie

ဓာတ်မတည့်ခြင်း

toux

ချောင်းဆိုးခြင်း

fièvre

အဖျား

grippe

တုပ်ကွေးရောဂါ

diarrhée

ဝမ်းပျက်ဝမ်းလျှောခြင်း

mal de tête

ခေါင်းကိုက်ခြင်း

cancer

ကင်ဆာရောဂါ

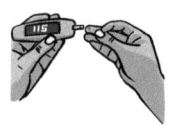

diabète

ဆီးချိုရောဂါ

chirurgien

ခွဲစိတ်ဆရာဝန်

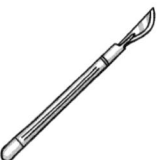

scalpel

ခွဲစိတ်ခန်းသုံးဓါးပါး

opération

ခွဲစိတ်ခြင်း

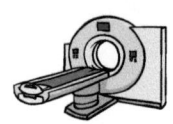

CT
စီတီ

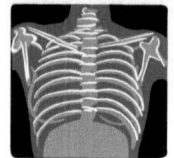

radiographie
ဓာတ်မှန်

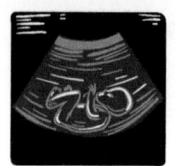

échographie
အာထရာဆောင်း

masque
မျက်နှာဖုံး

maladie
ရောဂါ

salle d'attente
စောင့်ဆိုင်းရန် အခန်း

béquille
ချိုင်းထောက်

pansement
ပလာစတာ

pansement
ပတ်တီး

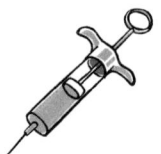

injection
ထိုးဆေး

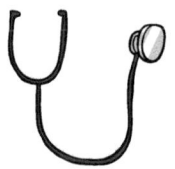

stéthoscope
နားကြပ်

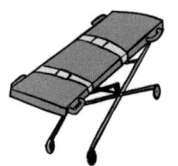

brancard
လူနာတင်ထမ်းစင်

thermomètre
ကုသရေးပိုင်းသုံး
အပူချိန်တိုင်းသာမိုမီတာ

accouchement
မွေးဖွားခြင်း

surcharge pondérale
အဝလွန်ခြင်း

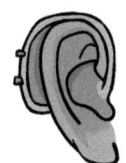

appareil auditif

နားကြားကိရိယာ

désinfectant

ပိုးသတ်ဆေး

infection

ရောဂါကူးစက်ခြင်း

virus

ဗိုင်းရပ်စ်ပိုး

VIH / sida

အိတ်ချ်အိုင်ဗွီ /
အေအိုင်ဒီအက်စ်

médicament

ဆေးဝါး

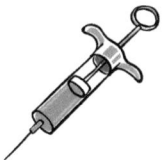

vaccination

ကာကွယ်ဆေးထိုးခြင်း

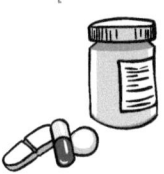

comprimés

ဆေးလုံးများ

pilule

ဆေးလုံး

appel d'urgence

အရေးပေါ် ဖုန်းခေါ် ဆိုမှု

tensiomètre

သွေးဖိအား စောင့်ကြည့်သည့်
ကိရိယာ

malade / sain

နာမကျန်းသော / ကျန်းမာသော

Au secours !
ကူညီကြပါ။

alarme
အရေးပေါ် ခေါင်းလောင်း

assaut
ရိုက်နက်သည်

attaque
တိုက်ခိုက်သည်

danger
အန္တရာယ်

sortie de secours
အရေးပေါ်ထွက်ပေါက်

Au feu!
မီး။

extincteur
မီးသတ်ဘူး

accident
မတော်တဆဖြစ်ရပ်

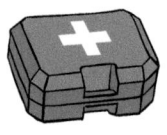

trousse de premier secours

ကြက်ခြေနီ ဆေးပုံး

SOS
အက်စ်အိုအက်စ်

police
ရဲ

Europe

ဥရောပတိုက်

Amérique du Nord

မြောက်အမေရိကတိုက်

Amérique du Sud

တောင်အမေရိကတိုက်

Afrique

အာဖရိကတိုက်

Asie

အာရှတိုက်

Australie

ဩစတြေးလျတိုက်

Océan atlantique

အတ္တလန္တိတ် သမုဒ္ဒရာ

Océan pacifique

ပစိဖိတ် သမုဒ္ဒရာ

Océan indien

အိန္ဒိယ သမုဒ္ဒရာ

Océan antarctique

အန္တာတိတ် သမုဒ္ဒရာ

Océan arctique

အာတိတ် သမုဒ္ဒရာ

pôle nord

မြောက်ဝင်ရိုးစွန်း

pôle sud

တောင်ဝင်ရိုးစွန်း

Antarctique

အန္တာတိကကတိုက်

terre

ကမ္ဘာမြေကြီး

pays

ကုန်းမြေ

mer

ပင်လယ်

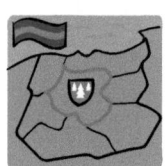

île

ကျွန်း

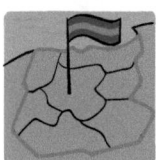

nation

နိုင်ငံကူးလက်မှတ်

état

ပြည်နယ်

cadran
နာရီမျက်နှာပြင်

aiguille des heures
နာရီလက်တံ

aiguille des minutes
မိနစ်လက်တံ

aiguille des secondes
ဒုတိယလက်တံ

Quelle heure est-il ?
ဘယ်အချိန်ရှိပြီလဲ။

jour
ရက်

temps
အချိန်

maintenant
ယခု

montre digitale
ဒစ်ဂျစ်တယ် လက်ပတ်နာရီ

minute
မိနစ်

heure
နာရီ

semaine

ရက်သတ္တပတ်

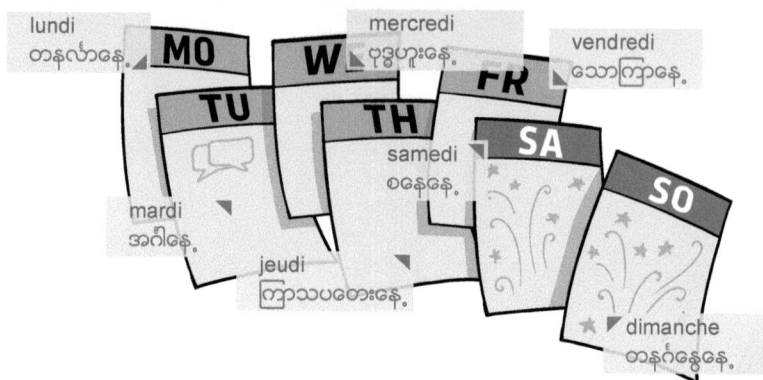

lundi
တနင်္လာနေ့

MO

TU

W

mercredi
ဗုဒ္ဓဟူးနေ့

TH

FR

vendredi
သောကြာနေ့

samedi
စနေနေ့

SA

mardi
အင်္ဂါနေ့

jeudi
ကြာသပတေးနေ့

SO

dimanche
တနင်္ဂနွေနေ့

hier

မနေ့က

aujourd'hui

ယနေ့

demain

မနက်ဖြန်

matin

မနက်

midi

နေ့လည်

soir

ညနေ

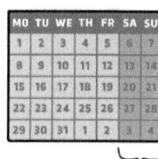

jours ouvrables

အလုပ်လုပ်ရက်များ

week-end

စနေ တနင်္ဂနွေ အားလပ်ရက်

année

နှစ်

pluie
မိုး
arc-en-ciel
သက်တန့်
vent
လေ
neige
နှင်း
printemps
နွေဦးရာသီ
automne
ဆောင်းဦးရာသီ
été
နွေရာသီ
hiver
ဆောင်းရာသီ

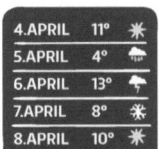

4.APRIL 11°
5.APRIL 4°
6.APRIL 13°
7.APRIL 8°
8.APRIL 10°

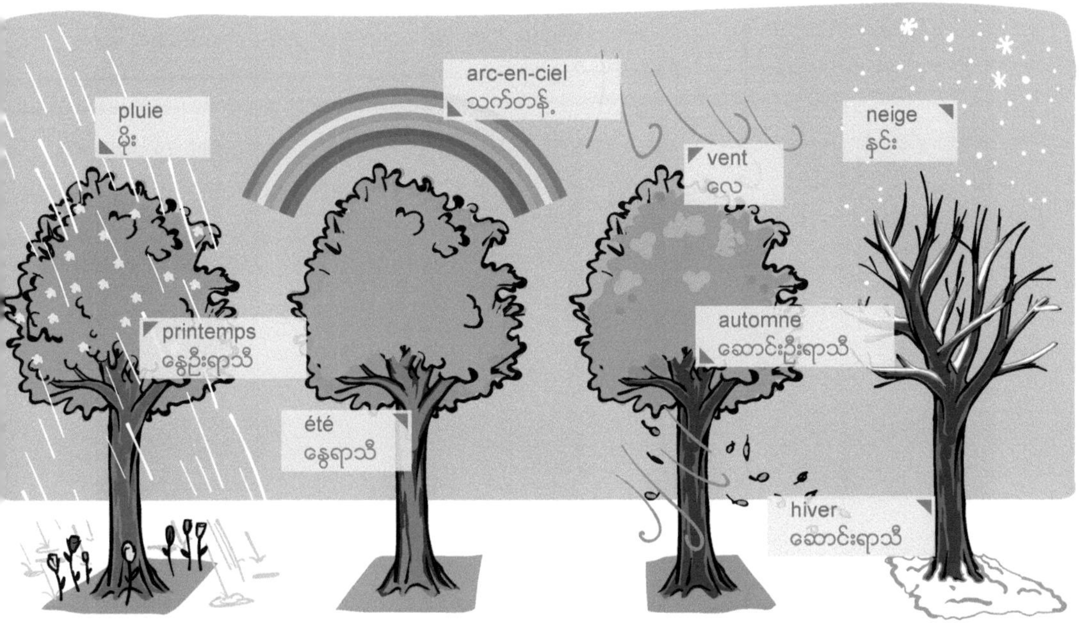

météo

မိုးလေဝသ ကြိုတင်ခန့်မှန်းချက်

F
C
120
90
60
30
0
-30
40
30
20
10
0
-10
-20

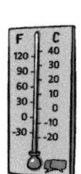

thermomètre

အပူချိန်တိုင်း ကိရိယာ

lumière du soleil

နေရောင်ခြည်

nuage

တိမ်

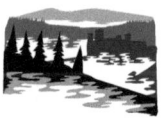

brouillard

မြူ

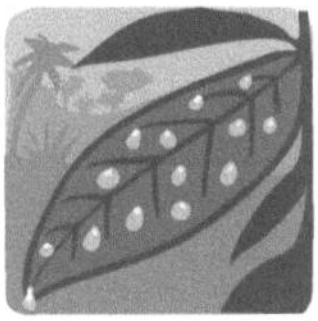

humidité

စိုထိုင်းဆ

foudre

လျှပ်စီးလက်ခြင်း

tonnerre

မိုးကြိုး

tempête

မုန်တိုင်း

grêle

မိုးသီး

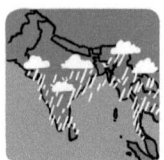

mousson

မိုးရာသီ

inondation

ရေကြီးခြင်း

glace

ရေခဲ

janvier

ဇန်နဝါရီလ

février

ဖေဖော်ဝါရီလ

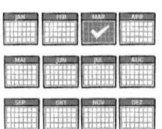

mars

မတ်လ

avril

ဧပြီလ

mai

မေလ

juin

ဇွန်လ

juillet

ဇူလိုင်လ

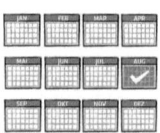

août

သြဂုတ်လ

année - နှစ်

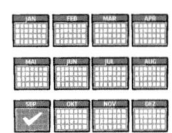

septembre

စက်တင်ဘာလ

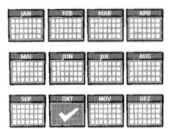

octobre

အောက်တိုဘာလ

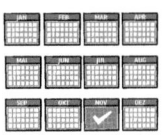

novembre

နိုဝင်ဘာလ

décembre

ဒီဇင်ဘာလ

formes

ပုံစံများ

cercle

စက်ဝိုင်း

carré

စတုရန်း

rectangle

ထောင့်မှန်စတုဂံ

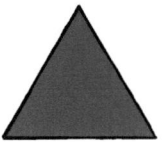

triangle

တြိဂံ

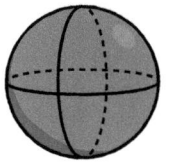

sphère

စက်ဝန်း

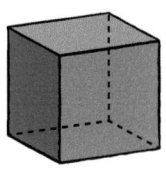

cube

အတုံး

blanc
အဖြူရောင်

jaune
အဝါရောင်

orange
လိမ္မော်ရောင်

rose
ပန်းရောင်

rouge
အနီရောင်

violet
ခရမ်းရောင်

bleu
အပြာရောင်

vert
အစိမ်းရောင်

marron
အညိုရောင်

gris
မီးခိုးရောင်

noir
အနက်ရောင်

beaucoup / peu

အများအပြား / အနည်းငယ်

fâché / calme

စိတ်ဆိုးသော /
စိတ်တည်ငြိမ်သော

joli / laid

လှပသော / ရုပ်ဆိုးသော

début / fin

အစ / အဆုံး

grand / petit

အကြီးသော / အငယ်

clair / obscure

တောက်ပသော / မှောင်မဲသော

frère / soeur

ညီအစ်ကို / ညီအစ်မ

propre / sale

သန့်ရှင်းသော / ညစ်ပတ်သော

complet / incomplet

ပြည့်စုံသော / မပြည့်စုံသော

jour / nuit

နေ့ / ည

mort / vivant

သေသော / ရှင်သော

large / étroit

ကျယ်သော / ကျဉ်းသော

comestible / incomestible

စားသုံးနိုင်သော /
မစားသုံးနိုင်သော

méchant / gentil

စိတ်ယုတ်သော / ကြင်နာသော

excité / ennuyé

စိတ်လှုပ်ရှားဖွယ် / ပျင်းရိဖွယ်

gros / mince

ဝသော / ပိန်သော

premier / dernier

ပထမ / နောက်ဆုံးပိတ်

ami / ennemi

မိတ်ဆွေ / ရန်သူ

plein / vide

အပြည့် / ဘာမှမရှိ

dur / souple

မာသော / ပျော့သော

lourd / léger

လေးလံသော / ပေါ့ပါးသော

faim / soif

ဆာလောင်သော / ရေဆာသော

malade / sain

နာမကျန်းသော / ကျန်းမာသော

illégal / légal

တရားမဝင်သော /
တရားဝင်သော

intelligent / stupide

ဉာဏ်ကောင်းသော /
ထိုင်းသော

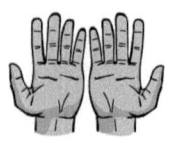

gauche / droite

ဘယ် / ညာ

proche / loin

နီးသော / ဝေးသော

opposition - ဆန့်ကျင်ဖက်များ

nouveau / usé
အသစ် / အသုံးပြုပြီးသား

rien / quelque chose
ဘာမှမရှိ / တစ်ခုခု

vieux / jeune
အသက်ကြီးသော /
ငယ်ရွယ်သော

marche / arrêt
ဖွင့်သော / ပိတ်သော

ouvert / fermé
ဖွင့်သော / ပိတ်သော

faible / fort
တိတ်ဆိတ် / ကျယ်လောင်

riche / pauvre
ချမ်းသာ / ဆင်းရဲ

correct / incorrect
အမှန် / အမှား

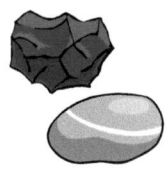

rugueux / lisse
ကြမ်းတမ်း / ချောမွေ့

triste / heureux
ဝမ်းနည်း / ဝမ်းသာ

court / long
အတို / အရှည်

lent / rapide
အနေး / အမြန်

mouillé / sec
စိုစွတ်သော / ခြောက်သွေ့သော

chaud / froid
နွေးထွေးသော / အေးမြသော

guerre / paix
စစ် / ငြိမ်းချမ်းရေး

0

zéro

သုည

1

un / une

တစ်

2

deux

နှစ်

3

trois

သုံး

4

quatre

လေး

5

cinq

ငါး

6

six

ခြောက်

7

sept

ခုနစ်

8

huit

ရှစ်

9

neuf

ကိုး

10

dix

တစ်ဆယ်

11

onze

ဆယ့်တစ်

12

douze

ဆယ့်နှစ်

13

treize

ဆယ့်သုံး

14

quatorze

ဆယ့်လေး

15

quinze

ဆယ့်ငါး

16

seize

ဆယ့်ခြောက်

17

dix-sept

ဆယ့်ခုနစ်

18

dix-huit

ဆယ့်ရှစ်

19

dix-neuf

ဆယ့်ကိုး

20

vingt

နှစ်ဆယ်

100

cent

ရာ

1.000

mille

ထောင်

1.000.000

million

မီလျံ

ဘာသာစကားများ

anglais

အင်္ဂလိပ် ဘာသာစကား

anglais américain

အမေရိကန် အင်္ဂလိပ် ဘာသာစကား

chinois mandarin

တရုတ် မန်ဒရင်း ဘာသာစကား

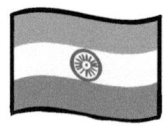

hindi

ဟိန္ဒူ ဘာသာစကား

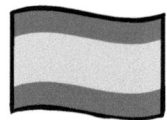

espagnol

စပိန် ဘာသာစကား

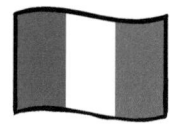

français

ပြင်သစ် ဘာသာစကား

arabe

အာရဗီ ဘာသာစကား

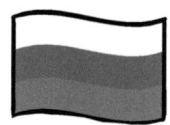

russe

ရုရှ ဘာသာစကား

portugais

ပေါ်တူဂီ ဘာသာစကား

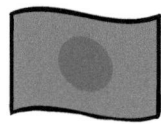

bengali

ဘင်္ဂါလီ ဘာသာစကား

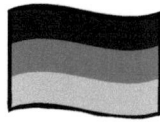

allemand

ဂျာမန် ဘာသာစကား

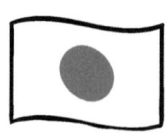

japonais

ဂျပန် ဘာသာစကား

je

ကျွန်ုပ်

tu

သင်

il / elle / ce, c', cela

သူ / သူမ / ၎င်း

nous

ကျွန်ုပ်တို့

vous

သင်တို့

ils / elles

သူတို့

Qui ?

ဘယ်သူလဲ။

Quoi ?

ဘာလဲ။

Comment ?

ဘယ်လိုလဲ။

Où ?

ဘယ်နေရာလဲ။

Quand ?

ဘယ်အချိန်လဲ။

nom

အမည်

où

ဘယ်နေရာလဲ

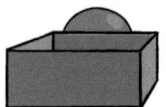

derrière

အနောက်ဖက်

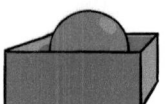

dans

အတွင်း

devant

အရှေ့ဖက်

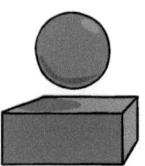

au-dessus

အထက်ဖက်

sur

အပေါ်ဖက်

en-dessous

အောက်ဖက်

à côté de

ဘေးဖက်

entre

ကြား

lieu

နေရာ